Premières leçons de sociologie

COLLECTION MAJOR

DIRIGÉE PAR PASCAL GAUCHON

Premières leçons de sociologie

PAR

Philippe Riutort

Agrégé de sciences sociales

Presses Universitaires de France

ISBN 978-2-13-062039-6
Dépôt légal – 4e édition : 2013, mai
4e tirage : 2017, septembre

6, avenue Reille, 75014 Paris

Sommaire

Avant-propos

Qu'est-ce que la sociologie ? Une discipline scientifique ou un discours plus ou moins prophétique tenu sur la société, ses tendances et son devenir ? Les sociologues eux-mêmes ne sont pas toujours d'accord entre eux pour définir leur discipline puisque, par une boutade, Raymond Aron estimait que le seul accord qui subsistait entre sociologues portait sur leur difficulté à définir la sociologie. Cet avertissement qui a le mérite de souligner les dangers qui menacent toute discipline (la sociologie comme les autres), à savoir l'éclatement et l'isolement, ne doit cependant pas faire oublier que la sociologie a fait son entrée à l'Université à la fin du XIXe siècle et qu'elle a depuis dégagé un certain nombre de perspectives permettant de mieux comprendre les comportements des individus en société.

La sociologie ne se définit guère par un objet d'étude dont elle aurait le monopole, même si en reprenant la célèbre formule d'Émile Durkheim, le fondateur de l'école française de sociologie, on peut l'envisager comme la science qui se consacre à l'étude des faits sociaux. Rien de ce qui est « social », c'est-à-dire de ce qui touche à la vie de l'homme en société, n'est *a priori* étranger au sociologue : celui-ci peut étudier aussi bien les relations familiales que le sport, la vie politique que les pratiques culturelles ou les loisirs…

Qu'est-ce qui distingue alors le sociologue de ses voisins, le psychologue, l'économiste ou l'historien ? Si cette question revêtait une importance capitale à la fin du siècle dernier, au moment où la sociologie œuvrait pour sa reconnaissance, elle possède incontestablement moins d'enjeux aujourd'hui. Les querelles de frontière sont souvent stériles et retardent la diffusion des savoirs : comme l'historien, le sociologue peut se pencher sur le passé afin de saisir le présent ; comme le psychologue, il s'intéresse aux représentations individuelles et collectives ; comme l'économiste, à la façon dont les individus et les groupes échangent des biens et des services, matériels et symboliques. Il ne saurait pour autant se confondre avec eux puisque, contrairement à l'historien, la quête du passé ne constitue pas sa préoccupation première ; il a, plus que le psychologue, le souci de replacer l'individu dans son contexte social ; il s'intéresse davantage aux relations sociales instaurées entre individus qu'aux mécanismes de production et de répartition qui préoccupent l'économiste.

Quel est alors le territoire du sociologue ? Il n'est jamais donné d'emblée mais se construit progressivement, au contact des autres disciplines : s'il ne cherche plus à formuler des « lois » à portée universelle, le sociologue, à l'appui des principes méthodologiques qui sont les siens, tente de produire des connaissances fondées sur l'observation rigoureuse de la « réalité sociale » : à la différence du philosophe, par exemple, le sociologue n'élabore de théorie qu'étayée par un matériau empirique susceptible de valider ses propositions. Il doit se garder également d'inclure ses jugements de valeur dans sa recherche et veiller à construire son objet d'étude en s'émancipant de certaines manières de voir le monde social qui, bien que s'imposant spontanément à l'esprit, s'avèrent souvent trompeuses.

C'est à condition de respecter un certain nombre de principes que la sociologie trouve sa place parmi les sciences humaines : pratiquer la **sociologie compréhensive** comme le souhaitait Max Weber afin de saisir la signification qu'un individu donne à son action n'exclut pas l'**objectivation** chère à Durkheim qui préconisait de traiter les faits sociaux, comme s'ils étaient des choses. Ce va-et-vient entre théorie et observation empirique, entre proximité (le sociologue dans le cadre d'une enquête peut être conduit à « vivre avec son objet ») et distance (l'analyse sociologique n'en est plus une lorsqu'elle se borne à reproduire le discours des acteurs) est consubstantiel à la démarche sociologique : toute la difficulté de cette entreprise consiste, pour reprendre le titre d'un ouvrage de Norbert Elias, à faire preuve tout à la fois d'**engagement** et de **distanciation** dans son travail, ce qui l'incite à accorder une attention particulière au propre regard qu'il porte sur son objet d'étude, regard qui n'est jamais totalement « extérieur », puisque le sociologue est lui aussi (il ne faudrait pas l'oublier !) un être social.

En quoi consiste finalement le rôle de la sociologie ? À mieux comprendre ce qui fait agir les hommes en société, à étonner parfois lorsqu'elle montre que les croyances qui nous sont chères sont erronées ou du moins contingentes, ainsi qu'à rendre, pourquoi pas, la société un peu plus humaine puisque, en rejoignant une fois encore Durkheim, on peut estimer que, si elle ne possédait aucune utilité sociale, la sociologie ne mériterait pas une heure de peine.

Mais puisque nous sommes convaincus du contraire, bonne lecture !

Première partie

Qu'est-ce que la sociologie ?

1

La démarche sociologique

COMMENT PEUT-ON ÊTRE SOCIOLOGUE ?

La sociologie en tant que discipline fait son apparition au cours du XIXe siècle. Elle est précédée par de multiples savoirs issus de divers courants de pensée qui recherchent des explications et surtout des « remèdes » aux « problèmes » liés aux transformations sociales de grande ampleur qui atteignent les sociétés européennes à compter de la fin du XVIIIe siècle. L'émergence de « questions sociales » d'un nouveau genre donne ainsi naissance à la sociologie qui, progressivement, en s'émancipant de la philosophie sociale, formule ses propres interrogations à visée scientifique, à l'aide de principes énoncés dès la fin du siècle dernier par ses « pères fondateurs ».

I. L'émergence de la sociologie au XIXe siècle

1. La sociologie apparaît en tant que discipline scientifique au cours du XIXe siècle

▶ **Le XIXe siècle est marqué en Europe par de profondes mutations. Les transformations politiques** s'inscrivent dans le prolongement de la Révolution française. L'effondrement de l'Ancien Régime aboutit à une remise en cause de l'ordre traditionnel fondé sur la monarchie absolue, la division de la société en ordres ainsi que la place centrale dévolue à la religion dans la vie sociale. La Révolution française, en proclamant l'égalité juridique entre citoyens, remet en question les fondements de l'ordre politique. Celui-ci ne procède plus désormais de la volonté du prince puisque l'absolutisme est récusé au nom de la proclamation de nouveaux principes tels que la liberté, la raison, le progrès... Les transformations économiques et sociales sont liées à la Révolution industrielle qui, de la fin du XVIIIe siècle au début du XIXe siècle, originaire de Grande-Bretagne, gagne progressivement les autres pays européens, puis les États-Unis et le Japon. Elle se caractérise par le passage d'une société rurale à une société urbaine, ce qui entraîne un profond bouleversement des structures sociales existantes (disparition progressive, par exemple, des solidarités villageoises fondées sur un ensemble de traditions et de pratiques de sociabilité telles que les fêtes populaires, les rites de passage...). Le sociologue allemand Ferdinand Tönnies (1855-1936) souligne, en 1887, l'opposition entre deux types d'organisation sociale : la communauté et la société. La première, dominée par les liens traditionnels, l'affectivité et l'esprit de groupe s'appuie principalement sur la famille et les solidarités locales alors que la seconde, qui repose davantage sur l'intérêt individuel, le calcul et les relations impersonnelles, tend à s'imposer au sein de la société industrielle.

Parallèlement, la Révolution agricole réalisée au cours du XVIIIe siècle permet progressivement aux activités industrielles de bénéficier d'un afflux de main-d'œuvre. L'essor de l'industrie s'accompagne, en effet, d'une urbanisation massive qui résulte principalement de l'exode rural. L'organisation de la société s'en trouve alors profondément transformée, ce qui modifie sensiblement les « équilibres » établis entre groupes sociaux : on assiste ainsi, au cours du processus d'urbanisation, à la formation de la classe ouvrière, à l'essor continu de la bourgeoisie ainsi qu'au déclin relatif de la noblesse.

► **Les principaux sociologues du XIXe siècle s'interrogent sur l'ampleur des transformations des sociétés européennes qui se déroulent sous leurs yeux au moment où ils conçoivent leurs œuvres.** Les pensées de trois figures centrales de la sociologie du XIXe siècle et du début du XXe siècle en sont profondément imprégnées.

Émile Durkheim (1858-1917), fondateur de l'École française de sociologie, préoccupé par les fondements de la cohésion sociale et son évolution, étudie ainsi le passage de la solidarité mécanique fondée sur la similitude, caractéristique des sociétés traditionnelles, à la solidarité organique fondée sur la complémentarité et produite par le processus de division du travail, qui s'affirme dans la société industrielle.

Karl Marx (1818-1883), militant révolutionnaire, philosophe, économiste mais également sociologue, tout en se faisant le théoricien d'un socialisme qu'il annonce scientifique, s'intéresse au processus de développement capitaliste et tente de mettre au jour ses contradictions internes en insistant particulièrement sur les oppositions de classes inéluctables, selon lui, au sein de la société capitaliste et qui préfigurent l'avènement d'une société sans classes : la société communiste.

Max Weber (1864-1920), l'un des premiers et des principaux sociologues allemands, ouvre la voie à la sociologie comparative en s'interrogeant sur les particularités de la civilisation occidentale, caractérisée, selon lui, par un processus de rationalisation ou selon sa célèbre formule de « désenchantement du monde », qui traduit le recours croissant à la prévision et au calcul ainsi qu'à l'abandon progressif des ressorts magiques dans l'ensemble des domaines de la vie sociale : de la science à l'art en passant par la religion, le pouvoir politique et l'économie.

Si les œuvres des principaux sociologues du XIXe et du début du XXe siècle témoignent des préoccupations sociales de leur temps, elles prennent également appui sur un savoir préalable, lequel s'attachait, déjà à dégager des connaissances, à partir d'une observation minutieuse de la société [1].

2. Un savoir sur la société avant la sociologie

► **La sociologie naissante ne saurait émerger en tant que discipline constituée des cerveaux de quelques « inventeurs ».** Tout un ensemble d'interrogations précèdent ou accompagnent son avènement. L'exercice qui consiste à déterminer avec précision les origines de la sociologie paraît vain puisqu'il reviendrait, en se lançant dans une quête interminable, à faire advenir son apparition dans un passé toujours plus lointain (*« Y a-t-il en germe une "pensée sociologique" chez Platon ? »*, avec les risques d'anachronisme que cette question recèle). Il est cependant utile d'insister

1. Sur la sociologie avant la « sociologie », Johan Heilbron, *Naissance de la sociologie*, Marseille, Agone, 2006.

sur différents questionnements, la plupart antérieurs à l'affirmation de la discipline sociologique, qui, bien que différents sur de nombreux points, partagent le désir de découverte des principes qui régissent l'organisation de la vie en société.

• Un ensemble d'auteurs traditionalistes, de l'écrivain britannique Edmund Burke (1729-1797) aux auteurs français Joseph de Maistre (1753-1821) et Louis de Bonald (1754-1840), critiquent l'individualisme proclamé par la Révolution française qu'ils assimilent à une pure abstraction vide de sens puisque, selon eux, la société ne saurait procéder de la seule raison, aveugle aux réseaux de relations concrètes qui enserrent l'individu dans une communauté d'appartenance. Le courant traditionaliste intéresse la sociologie car il va donner naissance, à partir d'une vision critique – à la fois de la Révolution française et de l'industrialisation – à de vastes enquêtes : l'œuvre de Frédéric Le Play (1806-1882), qui fut ingénieur, sénateur sous le Second Empire (1867) et notamment son ouvrage *Les Ouvriers européens* (1855), se caractérise par un souci aigu de description des conditions de vie des milieux populaires et débouche sur la réalisation de monographies [1]. Il s'agit, en pratiquant l'observation directe, de collecter un grand nombre de faits, qui rendent compte des conditions d'existence de la vie ouvrière. Le travail de Le Play, en s'appuyant sur de vastes enquêtes de terrain, ouvre la voie à la méthode ethnographique qui vise à réunir un ensemble d'informations sur une population donnée et permet de pratiquer des comparaisons dans le temps et dans l'espace. Cette démarche n'est pourtant pas réductible à sa dimension qualitative, puisqu'elle tente également de quantifier les données recueillies : Le Play cherche, en effet, à dégager à travers ses enquêtes un instrument de mesure objectif, comme le budget familial, qu'il emploie comme indicateur du mode de vie ouvrier et de ses transformations. L'œuvre de Le Play demeure cependant essentiellement préoccupée par un projet global de *Réforme sociale*, conformément au titre de son ouvrage paru en 1864, qui préconise le renforcement des structures familiales, particulièrement de la famille souche (qui réunit sous un même toit le père, la mère, le garçon héritier, sa femme, leurs enfants et les autres parents restés célibataires) et

1. La monographie est l'étude descriptive d'un phénomène restreint tel qu'un village, une tribu...

prône le paternalisme (la collaboration entre patrons et ouvriers) ainsi que le respect absolu de la propriété privée.

• La « question sociale » qui désignait au XIXe siècle l'ensemble des problèmes liés à l'apparition du monde ouvrier donne naissance à un courant critique de l'industrialisation, le « socialisme utopique », incarné en France par Claude Henri de Saint-Simon (1760-1825), Charles Fourier (1772-1837) et Pierre Joseph Proudhon (1809-1865). Elle préoccupe également les couches dirigeantes : l'entassement d'une population misérable dans les villes attise les peurs liées à la promiscuité. De nombreuses études sont ainsi réalisées par les pouvoirs publics et les sociétés savantes afin de cerner cette population « à problèmes » : l'une des enquêtes les plus importantes fut conduite par le Dr Villermé qui, dans le *Tableau de l'état physique et moral des ouvriers employés dans les manufactures de coton, de laine et de soie* (1840), dresse un portrait sans complaisance de la condition ouvrière.

• La sociologie naissante est également influencée par une autre tradition qui s'inscrit dans le rationalisme issu des Lumières : elle prend ainsi acte de la remarque de Montesquieu (1689-1755) qui, dans *L'Esprit des lois* (1748), proclame n'avoir point tiré ses principes de ses préjugés mais de la nature des choses et désire s'attacher à « ce qui est et non à ce qui doit être » ainsi que des travaux de Condorcet (1743-1794) qui dans son *Esquisse d'un tableau historique des progrès de l'esprit humain* (1793) introduit à la « mathématique sociale », c'est-à-dire à l'élaboration de lois scientifiques fondées sur l'observation de régularités statistiques. Les progrès réalisés, à partir du début du XIXe siècle, par la statistique, primitivement chargée, au nom de l'État, de démographie (le dénombrement de la population), lui permettent de gagner de nouveaux domaines. Prenant pour appellation « statistique morale », elle s'étend aussi bien à l'économie, afin d'évaluer les ressources potentielles de l'État, qu'aux questions de justice : la statistique judiciaire connaît ainsi un développement fulgurant en France avec la mise en place à partir de 1827 d'un *Compte général de l'administration de la justice* et les travaux de Gabriel Tarde (1843-1904). Le mathématicien, astronome et statisticien belge Adolphe Quetelet (1796-1874) tente également d'analyser ce qu'il nomme le « penchant au crime » et sa répartition dans la société à l'aide de séries statistiques destinées à en mesurer la permanence [1].

► **Au carrefour de ces différentes traditions, émerge le courant positiviste qui se caractérise, selon les termes de son principal représentant, Auguste Comte (1798-1857), par un refus de « l'esprit métaphysique »**. Pour le positivisme, en effet, toute connaissance ne saurait procéder que de l'observation et de l'expérience. Comte, qui fut l'inventeur du terme « sociologie », parle également de « physique sociale » pour désigner l'étude « scientifique » du monde social puisque, confiant dans les progrès de la science, il estime que la sociologie peut atteindre dans un avenir proche la rigueur des « sciences de la nature ». Il dégage ainsi la loi des trois États, selon laquelle le développement de l'Humanité passerait par trois phases successives.

*L'état théologique est dominé par le surnaturel et correspond his*toriquement au Moyen Âge.

L'état métaphysique est marqué par l'apparition de principes abstraits qui énoncent une idée générale de l'homme et triomphent sous la Révolution française.

L'état positif correspond à la phase de maturité caractérisée, lors de l'avènement de la société industrielle, par la découverte, grâce à l'observation scientifique, des principes organisateurs de la société.

Si la pensée de Comte, profondément évolutionniste (l'humanité est censée évoluer par étapes dont chacune constituerait un progrès par rapport à la précédente), fut critiquée sur ce point, son souci de doter la sociologie de bases scientifiques constitue un apport considérable et son influence fut notable sur la sociologie française naissante et notamment sur Émile Durkheim.

II. Sociologie et démarche scientifique

1. La constitution de la sociologie comme discipline scientifique est étroitement liée à l'œuvre d'Émile Durkheim qui définit les principes de la méthode sociologique

Agrégé de philosophie, Durkheim se tourne rapidement vers l'étude de la vie sociale et cherche à doter la sociologie d'une

1. Sur ces points, Alain Desrosières, *La Politique des grands nombres. Histoire de la raison statistique*, Paris, La Découverte, 1993.

méthodologie propre. Dans son ouvrage, *Les règles de la méthode sociologique* (1895), il affirme que « **les faits sociaux doivent être traités comme des choses** », ce qui signifie que le sociologue doit conserver une certaine distance envers son objet d'étude afin d'écarter systématiquement toutes les prénotions, c'est-à-dire les préjugés et les fausses évidences qui menacent, à chaque instant, de s'introduire dans son analyse. Le sociologue, comme tout scientifique, doit ainsi se méfier de l'illusion du savoir immédiat puisque ce n'est qu'après avoir construit au préalable rigoureusement son objet d'étude qu'il est susceptible de faire une « découverte ».

► **D'une certaine façon, les obstacles paraissent plus considérables en sociologie et généralement en sciences sociales (psychologie, anthropologie, économie, science politique...) qu'en sciences de la nature.** L'étude des phénomènes sociaux ne constitue que rarement un « monopole » de fait pour le sociologue : son analyse prend place parmi un ensemble d'interventions (d'hommes politiques, de journalistes, d'administrateurs... voire de tout un chacun) qui visent à déterminer quels sont les « problèmes sociaux » de l'heure. Si le sociologue ne peut se réfugier dans une tour d'ivoire afin de s'isoler du monde social qu'il est censé étudier, il ne saurait pas davantage reprendre à son compte, sans critique préalable, les questions posées par d'autres, avec des préoccupations le plus souvent éloignées du seul souci de connaissance scientifique.

Se demander si « la classe ouvrière est en voie de disparition » ou cerner les causes du « malaise des banlieues » peut sembler légitime mais ces sujets, envisagés d'un point de vue sociologique, nécessitent d'être posés autrement puisque le langage employé pour décrire ces « réalités » sociales colporte déjà en lui-même tout un ensemble de « problèmes » que le sociologue doit s'efforcer de dénouer. La question de la « fin de la classe ouvrière » [1] commande, en effet, que l'on s'interroge au préalable sur les transformations intervenues au sein du monde ouvrier depuis – au moins – la crise économique de 1973 (évolution numérique, transformation des emplois ouvriers, apparition durable d'un

1. Voir Stéphane Beaud, Michel Pialoux, *Retour sur la condition ouvrière,* Paris, Fayard, 1999.

chômage de masse et changements dans la manière de « vivre » la condition ouvrière). Il convient également de s'intéresser rétrospectivement à la diversité du monde ouvrier français (différences de statuts, de qualification mais aussi particularismes liés aux traditions locales, aux types de métier) afin de faire voler en éclats l'image d'Épinal d'une « classe ouvrière unie » à laquelle succéderait un « inexorable déclin » qui interdit, notamment, de saisir les recompositions en cours. Quant au « malaise des banlieues » [1], il faut rappeler tout ce que cette interrogation doit à une mise en scène journalistique qui établit trop souvent une comparaison « sauvage » entre la situation française et la situation américaine, la première étant censée reproduire le « modèle » de la seconde. S'il est vrai que certains « faits objectifs » se retrouvent dans les « banlieues françaises » comme dans les « ghettos américains » (forte présence de minorités ethniques, augmentation sensible et rapide de la population notamment juvénile, taux de chômage élevé) [2], plusieurs traits séparent nettement les deux univers : une différence de taille de plus de un à dix qui fait du ghetto américain une vraie « ville » alors que la banlieue française reste un quartier périphérique, la ségrégation raciale qui est une caractéristique majeure du ghetto alors que la pluralité ethnique est généralement la règle dans les cités de banlieue. Par ailleurs, l'ampleur de la pauvreté et de la criminalité, la dégradation du cadre de vie atteignent des dimensions dans le ghetto à peine imaginables en banlieue [3]. Il existe donc ici une différence de nature et pas seulement de degré entre les deux situations. Il faut donc se méfier des comparaisons hâtives, dont l'objectif (inconscient ?) consiste le plus souvent à « dramatiser » un problème et qui reviennent souvent à l'obscurcir en voulant le simplifier.

Le sociologue risque donc de se voir entraîner sur un terrain qui n'est pas le sien lorsqu'il cède à la tentation du prophétisme et qu'armé du seul « air du temps » il se trouve chargé d'annoncer l'avenir *(« À quoi ressemblera la société française en 2050 ? »)*. Il

1. Les remarques qui suivent s'appuient sur P. Champagne, « La construction médiatique des malaises sociaux », *Actes de la recherche en sciences sociales,* n° 90, 1991, et L. Wacquant, « Banlieues françaises et ghetto noir américain : de l'amalgame à la comparaison », *French Politics & Society,* n° 4, 1992.

2. Didier Lapeyronnie, *Ghetto urbain*, Paris, Robert Laffont, 2008.

3. Pour un exemple, Philippe Bourgois, *En quête de respect. Le crack à New York*, Paris, Seuil, 2001.

fait alors songer à la cartomancienne et ses « prédictions » sont à apprécier avec la plus grande prudence.

► **Le sociologue doit s'armer méthodologiquement afin d'écarter les fausses évidences et redéfinir le problème** qui lui est posé à partir de ses propres préoccupations, c'est-à-dire la production de connaissances. Émile Durkheim mettait déjà en garde contre ces dangers et préconisait de recourir à un ensemble de règles visant à assurer la rupture avec les prénotions. Il a notamment défendu l'usage des statistiques ainsi que le recours à la **méthode de la définition préalable** afin de prendre ses distances envers les significations « ordinaires » d'un phénomène. Dans un ouvrage devenu un classique de la sociologie, *Le suicide* (1897), Durkheim démontre que cet acte qui a, en apparence, tous les attributs de l'acte individuel obéit, en réalité, à des régularités sociales. Il propose ainsi une définition préalable du suicide appréhendé comme « tout cas de mort qui résulte directement ou indirectement d'un acte positif ou négatif, accompli par la victime elle-même et qu'elle savait devoir produire ce résultat ». Il inclut, par exemple, dans son objet de recherches le sacrifice du combattant ou du martyr et se démarque ainsi de la définition habituelle du suicide. Durkheim s'intéresse en fait à travers cette étude à ce qu'il nomme le **taux social du suicide** qui mesure « le rapport entre le chiffre global des morts volontaires et la population de tout âge et de tout sexe ». L'utilisation de statistiques lui permet ainsi de constater la régularité du taux de suicide sur une longue période et de cerner, à partir de variables telles que l'âge, le sexe, le lieu de résidence, la religion, l'état civil..., les caractéristiques sociales des suicidés afin d'expliquer les déterminants sociaux qui pèsent sur cet acte.

• Une autre voie de rupture possible avec les prénotions consiste à réaliser une enquête de terrain. Le sociologue américain Samuel Stouffer dans une étude collective publiée en 1949 sur le « soldat américain » [1] remarque un fait troublant : bien que les chances « objectives » de promotion soient plus nombreuses dans l'armée de l'air que dans l'armée de terre, les satisfactions professionnelles éprouvées dans ce dernier corps sont plus importantes que celles des aviateurs. Ainsi que l'écrit le sociologue amé-

1. S. Stouffer *et al.*, *The American Soldier,* New York, Wiley, 1949.

ricain Robert Merton (1910-2003), « moins le rythme de promotion était élevé, plus les gens avaient des opinions favorables sur leurs chances de promotion ». Ce paradoxe révélé par l'enquête donne naissance à un concept sociologique : la **frustration relative**. Les enquêteurs se rendent compte qu'en réalité ce qui importe pour l'individu ce n'est pas tant la situation « objective » qu'il vit que les normes de son **groupe de référence**, c'est-à-dire celui auquel il s'identifie durablement et qui peut d'ailleurs parfois différer de celui auquel il appartient réellement. Une promotion rapide n'est pas véritablement imaginable pour celui qui appartient à une organisation (telle que l'armée de terre aux États-Unis au moment de l'enquête du « soldat américain ») au sein de laquelle les ascensions sont habituellement lentes et peu fréquentes. La même promotion est de l'ordre de l'évidence pour celui qui évolue dans un groupe à forte mobilité, d'autant qu'il est, par exemple, fortement diplômé. Lorsqu'elle ne se produit pas, cet individu en éprouvera une frustration certaine puisqu'il ne satisfera pas à ses attentes, c'est-à-dire aux normes en vigueur dans son groupe de référence. La frustration sociale n'est donc pas seulement liée à une situation « objective » mais davantage à la perception que l'on s'en fait. Elle procède ainsi d'un décalage entre les espoirs forgés par les individus et la situation qu'ils sont amenés à rencontrer ultérieurement : cette théorie prend le « sens commun » à défaut en démontrant que ce ne sont pas nécessairement les individus placés dans la situation « objectivement » la plus défavorable qui éprouvent un sentiment de frustration et qui peuvent être amenés, ensuite, à manifester leur mécontentement.

2. L'objet d'étude de la sociologie fut déterminé par Émile Durkheim dans *Les Règles de la méthode sociologique* (1895)

Dans sa difficile entreprise d'édification de la sociologie comme discipline à part entière (longtemps titulaire d'une chaire en sciences de l'éducation, ce n'est, en effet, qu'en 1913 qu'il obtient le titre de professeur de sociologie et sciences de l'éducation à la Sorbonne), Durkheim s'attache à conférer un objet propre à la sociologie qui, selon lui, doit se démarquer des autres disciplines existantes telles que la psychologie, l'histoire, l'économie…

► **Pour Durkheim, la particularité de la sociologie réside dans l'étude du fait social**, irréductible, en raison de ses caractéristiques propres, au fait psychologique et qui nécessite une investigation spécifique. Choisissant d'étudier le suicide, Durkheim récuse ainsi d'emblée les approches psychologiques et affirme que (contrairement aux apparences) ce phénomène constitue bien un fait social, c'est-à-dire que le contexte social exerce une influence mesurable par l'analyse des variations du taux de suicide. Le suicide remplit les critères du fait social énoncés dans Les règles de la méthode sociologique : un fait social consiste, selon Durkheim, « en des manières d'agir, de penser et de sentir, extérieures à l'individu, et qui sont douées d'un pouvoir de coercition en vertu duquel ils s'imposent à lui ». Autrement dit, le fait social présente les caractéristiques suivantes : il s'agit d'un phénomène collectif, antérieur et extérieur à la conscience individuelle sur laquelle celui-ci exerce une contrainte. Durkheim insiste dans les *Règles* sur le fait que l'individu, en tant qu'être social, intériorise un ensemble de principes qui influencent ses actions sans qu'il ne s'en rende nécessairement compte.

« Quand je m'acquitte de ma tâche de frère, d'époux ou de citoyen, quand j'exécute les engagements que j'ai contractés, je remplis les devoirs qui sont définis, en dehors de moi et de mes actes, dans le droit et dans les mœurs. »

► **Si la sociologie a pour domaine l'étude des faits sociaux qui doivent être appréhendés comme des « choses », alors le sociologue doit s'attacher à « expliquer le social par le social »** et écarter ainsi tout type d'explication « extra-sociale » qui n'est pas de son ressort. Dans *Le Suicide*, Durkheim examine tour à tour les explications d'ordre psychopathologique qui imputent notamment le suicide à la folie, les explications fondées sur l'hérédité, le climat et l'imitation qu'il prend grand soin d'invalider successivement. Il en vient ensuite, à l'appui de statistiques, à dégager une typologie des suicides par laquelle il distingue trois formes principales : le suicide égoïste, le suicide altruiste, le suicide anomique et en esquisse une quatrième : le suicide fataliste. Il existe, pour Durkheim, une relation entre le taux de suicide constaté et le niveau d'intégration et de régulation sociales.

• Le suicide égoïste est la manifestation d'une intégration sociale trop faible (lorsque la société n'exerce qu'une faible emprise sur l'individu, une « individuation démesurée » apparaît) et s'observe dans différents domaines de la vie sociale : le taux de suicide est, par exemple, sensiblement plus élevé chez les protestants que chez les catholiques et plus important chez les catholiques que chez les juifs. L'explication réside pour Durkheim dans le degré d'individualisme propre à chaque religion : celui-ci est très faible chez les juifs où le sentiment d'appartenance à une communauté est très fort, plus considérable chez les catholiques qui connaissent néanmoins une intégration sociale forte liée à l'influence de l'Église alors que c'est chez les protestants que le « libre examen » est le plus poussé et que le clergé est le moins présent dans la vie sociale. Durkheim peut en conclure que la religion préserve du suicide, non pas parce que le dogme religieux condamne cet acte, mais bien parce qu'elle participe à l'intégration sociale des individus en les incluant dans un groupe, ce qui a pour effet de renforcer leurs relations sociales.

• Le suicide altruiste se caractérise, à l'inverse du suicide égoïste, par une intégration sociale trop forte. Comme l'écrit Durkheim : « Quand l'homme est détaché de la société, il se tue facilement, il se tue aussi quand il est trop fortement intégré. » Ce cas de suicide est caractéristique des sociétés primitives où l'individualisme est très faible. Il existe encore dans les sociétés modernes à l'état de survivance, comme dans la société militaire (Durkheim remarque que le taux de suicide est plus élevé chez les militaires que chez les civils), lorsque la pression de la hiérarchie s'impose fortement à l'individu.

• Durkheim définit enfin le **suicide anomique** (ce type de suicide est celui auquel il accorde le plus d'importance) qui correspond à un défaut de régulation sociale et s'oppose directement au suicide altruiste lié à une régulation sociale excessive. Le suicide anomique représente ainsi la forme la plus courante de suicide dans les sociétés modernes. Les dérèglements sociaux surviennent lorsque la société rencontre des mutations profondes : les individus se trouvent ainsi dans une situation inédite puisque leurs repères habituels ne sont plus opérants, ce qui signifie que leurs désirs ne sont plus socialement bornés (ils sont illimités) alors que les objectifs qui leur sont offerts, d'ordinaire clairement définis, deviennent indéterminés. Durkheim remarque à ce sujet un fait qui, à première vue, pourrait paraître surprenant : les suicides progressent durant les périodes de transformations économiques aussi bien lors des périodes de crise que de forte croissance. En fait, dans ces situations de changement social rapide, l'influence modératrice de la société, qui habituellement modèle les désirs des individus, se relâche alors que les aspirations tendent à augmenter brusquement sans pouvoir nécessairement être satisfaites.

> « Parce que la prospérité s'est accrue, les désirs sont exaltés. La proie la plus riche qui leur est offerte les stimule, les rend plus exigeants, plus impatients de toute règle, alors justement que les règles traditionnelles ont perdu de leur autorité. »

Durkheim considère en conséquence que le suicide anomique est particulièrement préoccupant dans les sociétés modernes puisqu'il est étroitement lié au manque d'emprise qu'exerce désormais la société sur l'individu. Il remarque, à ce propos, que les fonctions industrielles et commerciales, qui font l'objet d'une faible réglementation, sont également les plus touchées par le suicide.

Durkheim a ainsi magistralement démontré dans son étude, à l'encontre du « sens commun » pour lequel le suicide ne saurait résulter que d'une décision individuelle, que des logiques sociales pouvaient rendre compte des variations des taux de suicide d'une population [1].

▶ **En admettant, à la suite de Durkheim, que le suicide constitue bien un fait social, on peut alors se demander jusqu'où le sociologue doit poursuivre son investigation afin de « traquer » la présence du social dans les divers comportements humains.** Le « social » ne connaît, en fait, guère de limites puisqu'il se manifeste par l'ensemble des actions de l'individu en société, même à travers celles qui paraissent *a priori* « intimes » et « personnelles ».

• Des sociologues ont ainsi pu démontrer que le **« choix du conjoint »**, loin de résulter du seul « hasard », obéissait à des régularités sociales puisque, en effet, quoi qu'en pensent souvent les intéressés, « la "foudre", quand elle tombe ne tombe pas

1. Pour une actualisation des thèses de Durkheim, Christian Baudelot, Roger Establet, *Suicide. L'envers de notre monde*, Paris, Seuil, 2006.

n'importe où »[1]. L'homogamie, c'est-à-dire le fait de choisir son conjoint au sein de son milieu social, constitue ainsi une tendance affirmée au sein de la société française puisque, par exemple, près de 8 agriculteurs sur 10 épousent une agricultrice alors que moins de 2 % des cadres partagent leur existence avec une ouvrière. Le mariage le plus fréquent en France est celui d'un ouvrier et d'une employée (il concerne près de 60 % des ouvriers, les autres épousant majoritairement des ouvrières, moins nombreuses dans la population active que les ouvriers).

Comment expliquer la régularité de ce fait social, déjà repérée à la fin des années 1950 par le sociologue français Alain Girard, alors que le sentiment amoureux s'est progressivement substitué à l'influence familiale dont la pression sur les époux ne s'exerce plus désormais qu'indirectement ? Premier élément : pour épouser quelqu'un, il faut d'abord l'avoir rencontré ! Il est ainsi possible d'établir des relations entre les lieux de rencontre des conjoints et leurs propriétés sociales. Les membres des milieux populaires font majoritairement connaissance dans les lieux publics (fête, bal, rue, café, centre commercial), les cadres du secteur privé, dans des lieux privés (fête de famille ou entre amis) alors que les catégories fortement diplômées se retrouvent le plus souvent dans des lieux réservés (université, association, club de sport). Les lieux de sociabilité diffèrent sensiblement en fonction du milieu social mais ils ne sauraient, à eux seuls, expliquer l'homogamie. Les qualités recherchées chez son conjoint s'avèrent, en effet, variables au gré de la position occupée dans l'espace social et fournissent ainsi une illustration de la diversité des principes du jugement amoureux. Les épouses de cadres supérieurs, interrogées sur leurs attentes, mettent en avant le côté « sécurisant » et l'« intelligence » de leurs conjoints alors que les épouses d'ouvriers apprécient particulièrement le « sérieux » et le fait que leurs époux soient « travailleurs ». Les jugements sociaux portés sur son partenaire sont donc indissociables de l'ensemble des jugements de « goût » et, à ce titre, informent sur l'identité sociale de la personne qui les énonce. À la manière de Mme de Quesnay évoquant le mariage de ses filles, celle-ci n'en a pas pleinement conscience : « Tous, c'est le jeu du hasard, le hasard total. L'aînée qui a épousé un d'Arsonval, famille que nous connais-

1. . M. Bozon, F. Héran, *La Découverte du conjoint*, Paris, La Découverte, 2006.

sions depuis toujours, a été invitée à une chasse, mais elle n'avait pas de moyen de transport pour s'y rendre. Et tout simplement quelqu'un lui a dit "mais téléphonez à Hubert d'Arsonval", et voilà ! »[1].

III. *Sociologie et objectivité*

1. Le sociologue doit tenter d'éviter les jugements de valeur qui menacent toujours de faire irruption dans son analyse

Le sociologue allemand Max Weber a particulièrement insisté sur ce point en distinguant **jugement de valeur** et **rapport aux valeurs** : le jugement de valeur qui consiste à exposer ses *a priori* et à évaluer les actions d'autrui à partir de ses propres principes est à proscrire en sociologie alors que le rapport aux valeurs peut, au contraire, guider le sociologue dans sa démarche. Il revient à sélectionner certains aspects d'un phénomène en fonction des interrogations préalables du sociologue : celui-ci découpe, en effet, la réalité sociale qu'il choisit d'étudier en fonction de ses propres centres d'intérêt.

Pour Weber, le sociologue doit principalement s'efforcer de saisir la signification que donne un individu à son action. C'est la raison pour laquelle la démarche qu'il préconise est dite compréhensive : elle vise à comprendre les motifs qui poussent l'individu à adopter un type de comportement. Weber distingue ainsi quatre formes d'actions sociales, c'est-à-dire divers modèles d'action possibles pour un individu.

L'action traditionnelle s'appuie sur les coutumes et les habitudes acquises, et caractérise l'ensemble des activités familières à l'individu : obéir à son père est une action traditionnelle.

L'action affective est guidée par les pulsions telles que l'amour ou la haine éprouvée envers autrui.

L'action rationnelle en valeur vise à se conformer à ses convictions sans attacher d'importance à leurs conséquences pratiques : le militaire qui, après une défaite, se donne la mort en fournit une illustration.

1. Cité par M. Pinçon et M. Pinçon-Charlot, *Dans les beaux quartiers*, Paris, Seuil, 1989.

L'action rationnelle en finalité consiste à évaluer les moyens dont on dispose afin d'atteindre un objectif préalablement fixé : l'ingénieur qui fait construire un pont procède de cette façon.

Ces catégories d'action ne visent pas à répertorier précisément l'étendue des activités sociales puisque Weber précise que la majorité d'entre elles relèvent, en pratique, de formes mixtes. Elles procèdent de la méthode de l'**idéal-type** selon la définition qu'en donne Weber, c'est-à-dire un « tableau de pensée » ou un modèle abstrait élaboré à partir de certains traits volontairement accusés d'un phénomène : le sociologue apprécie alors l'écart existant entre la « réalité » qu'il observe et le tableau imaginaire qu'il construit. Cette approche n'est pas très éloignée de l'analyse de l'économiste (ce qui ne saurait surprendre puisque Max Weber fut économiste avant de se tourner vers la sociologie) qui confronte le modèle du marché de concurrence pure et parfaite aux différents types de marchés existants. L'idéal-type permet ainsi à Weber de se livrer à une entreprise de sociologie comparative en mettant à l'épreuve sa définition idéal-typique de la ville, de la bureaucratie, du capitalisme... aux situations observables dans diverses sociétés et à différentes époques.

2. Si le sociologue ne peut faire preuve d'une « objectivité parfaite » qui demeure illusoire, il doit cependant s'efforcer d'analyser avec précision son rapport à l'objet

Max Weber préconisait la **neutralité axiologique**, c'est-à-dire la séparation nette entre les jugements moraux propres au chercheur et son analyse scientifique. Cette louable intention est néanmoins souvent difficile à mettre en œuvre : il ne suffit pas que le sociologue proclame n'agir qu'en fonction de son « éthique » scientifique pour que le problème disparaisse. Le sociologue ne « flotte pas dans les airs », il n'est pas détaché de tout enjeu pratique puisqu'il occupe nécessairement une position spécifique dans l'espace social, est originaire d'un milieu social, possède des « goûts » et des « répulsions » particuliers... Cet agent social a la « mission » singulière de comprendre ce que font les agents sociaux et d'en rendre compte. Il ne saurait par conséquent faire état de sa « science » et adopter une position de « surplomb », chère à l'analyste qui se prononce « en toute objectivité », c'est-à-dire au nom de la science, pour trancher des débats dont les enjeux n'ont pas toujours à voir avec des questions d'ordre scientifique (*« Quelles sont les priorités des Français ? »*, pour se limiter à un exemple).

Le sociologue gagne à élucider la distance ou la proximité – obstacles qui peuvent d'ailleurs se rejoindre – qu'il entretient avec son objet d'étude. Autrement dit, il doit renoncer à feindre de croire que ses « titres » constituent un passeport suffisant pour comprendre d'emblée une situation sociale. Selon la formule du sociologue français Pierre Bourdieu (1930-2002), le sociologue a tout intérêt à **objectiver l'objectivation,** autrement dit à prendre le monde social comme un objet (ainsi que le préconisait Durkheim), mais également à s'inclure dans l'analyse sociologique. Si un regard neutre sur l'objet paraît, en effet, impossible, une socioanalyse permet de prendre en compte le « regard » particulier que le sociologue porte sur son objet et l'incite à redoubler de vigilance face aux prénotions qui menacent toujours de s'immiscer dans l'analyse.

2

La sociologie et ses méthodes

QU'EST-CE QU'UNE BONNE MÉTHODE ?

Deux types de méthode sont employés en sociologie : les méthodes dites quantitatives et les méthodes dites qualitatives. Les premières recourent généralement aux statistiques et visent à dégager des explications à partir d'un ensemble de données mesurables et comparables entre elles. Les secondes introduisent de nouvelles techniques telles que l'enquête de terrain, le témoignage, le récit de vie… et s'attachent davantage à l'étude de cas particuliers qu'à la collecte et l'analyse d'un grand nombre de données. Ces deux méthodes, trop souvent présentées comme antagonistes (et parfois revendiquées par des écoles « irréductibles »), se complètent la plupart du temps dans l'activité quotidienne du sociologue et lui permettent ainsi d'entrevoir les différentes dimensions de son objet.

I. Les méthodes quantitatives

1. L'usage des statistiques, comme l'a démontré Émile Durkheim, constitue un outil précieux pour le sociologue

En produisant des données objectives, le sociologue peut ainsi rompre plus facilement avec les prénotions.

► **Durkheim, dans *Le Suicide*, insiste sur l'importance de l'analyse statistique dans l'administration de la preuve.** Il met en œuvre la méthode des variations concomitantes (on emploie davantage aujourd'hui le terme de corrélation) afin de dégager les liaisons existantes entre deux variables (par exemple, le taux de suicide et l'état civil de la personne) et établir une relation de causalité entre les deux phénomènes. Durkheim calcule ainsi des coefficients de préservation, c'est-à-dire qu'il compare systématiquement deux taux de suicide entre eux (le taux de suicide des célibataires et celui des époux, par exemple). Il peut alors en conclure que le mariage préserve du suicide puisque la famille tend à intégrer fortement l'individu dans la société (le taux de suicide est ainsi sensiblement plus élevé chez les célibataires ou les veufs que chez les époux).

Le recours aux statistiques ne saurait cependant s'opérer mécaniquement sans s'interroger au préalable sur la manière dont les données analysées ont été récoltées puisque la neutralité des techniques (qu'il s'agisse d'ailleurs de méthode quantitative ou qualitative) s'avère une illusion.

► **Reprenant le même thème d'étude que Durkheim, Dominique Merllié [1] s'intéresse plus précisément à la manière dont certaines morts en viennent à l'issue d'un ensemble d'opérations complexes à être qualifiées de suicides.**

Le sociologue constate ainsi que le taux de suicide enregistré par les statistiques ne peut être accepté sans discussion puisque, à travers la production de données, il s'agit, en fait, d'observer des pratiques sociales diverses.

Pour qu'un décès soit classé « suicide », il faut que médecins et policiers, en fonction des critères propres à leurs pratiques professionnelles, s'accordent au préalable sur la définition de l'acte commis : le médecin s'attache avant toute chose à la dimension pathologique permettant d'« expliquer » l'acte alors que le policier se réfère aux catégories juridiques et particulièrement au problème de la responsabilité. Cette opération de catégorisation ne va jamais de soi et, en pratique, différents indices sont utilisés afin de trouver une solution. L'âge du défunt est ainsi un critère décisif : le décès d'une personne âgée à la suite d'une prise de médicaments sera davantage imputé à une négligence (il sera rangé parmi les morts naturelles) alors que le même acte commis par un adolescent sera vraisemblablement estimé d'origine intentionnelle (il s'agira alors d'un suicide). Autrement dit, le taux de

1. D. Merllié, « Suicides : modes d'enregistrement », *in* J.-L. Besson, *La Cité des chiffres*, Paris, Autrement, 1992.

suicide, loin d'être un phénomène objectif que le statisticien se bornerait à constater, est semblable à une opération de classement « ordinaire » qui, en outre, n'est pas dénuée d'un certain nombre d'enjeux sociaux : le suicide fait l'objet d'une certaine appréhension, voire de répulsion dans la société et pour certaines catégories sociales, il peut constituer un enjeu important lorsqu'il est susceptible, par exemple, de nuire à la « réputation » d'une famille. Ainsi, dans le cas d'un décès constaté par le médecin de famille, une simple pression « amicale » peut suffire à « reclasser » un décès en mort naturelle – ce phénomène étant d'ailleurs sensiblement plus important au siècle dernier, c'est-à-dire justement au moment où Durkheim a mené son étude, puisque la médicalisation étant moins poussée qu'aujourd'hui, les décès étaient souvent constatés au domicile et non dans un établissement hospitalier.

► **Cet exemple ne saurait évidemment signifier que toute utilisation de statistiques est à proscrire en sociologie** mais il met en évidence le fait suivant : les données ne sont pas « naturelles » et il ne suffit pas de posséder un appareillage sophistiqué (la généralisation de l'informatique au XXe siècle a permis d'intensifier l'usage des méthodes statistiques tout en affinant sensiblement les calculs, encore élémentaires à l'époque de Durkheim) pour que les questions de méthode disparaissent. Le sociologue doit alors éviter le piège de l'**artefact** qui peut se définir comme un phénomène artificiel produit par l'analyste en raison d'un contrôle insuffisant des techniques employées. On peut ainsi observer qu'aujourd'hui, à l'inverse de ce que Durkheim avait constaté au siècle dernier, le taux de suicide est plus élevé en zone rurale qu'en ville. Le sociologue peut-il en conclure à une modification des comportements sociaux ? Rien n'est moins sûr. En effet, les différences enregistrées par les statistiques traduisent – en grande partie – des comportements dissemblables entre gendarmes (qui constatent le suicide dans les campagnes) et policiers (chargés des zones urbaines) : les premiers transmettent généralement avec plus de régularité que les seconds les informations relatives aux suicides à l'INSERM, l'organisme statistique compétent, ce qui a pour conséquence une vraisemblable sous-estimation des suicides urbains.

• À ce titre, la multiplication de données statistiques recueillies à partir de critères combinés tels que l'âge, le revenu, le sexe, le lieu d'habitation… ne constitue pas une garantie suffisante et risque fort de conduire à une démission de la part du sociologue s'il choisit de se réfugier prudemment derrière la neutralité apparente des informations collectées. Le critère de l'âge possède ainsi, à première vue, les qualités idéales pour se prêter au petit jeu des statistiques : il est aisément contrôlable, permet de découper une population (en classes d'âge) afin de mesurer des variations de comportements (la mesure des écarts dans les pratiques sportives, culturelles… selon différentes tranches d'âge). Et pourtant l'âge s'avère, dans bien des cas, une « donnée » préconstruite, c'est-à-dire que les définitions sociales des âges (Qu'est-ce qu'un « jeune » et qu'est-ce qu'un « vieux » ?) [1] présentent souvent en eux-mêmes des enjeux sociaux : la détermination d'âges de la vie aux frontières bien tracées constitue une tâche périlleuse, particulièrement lorsqu'il s'agit d'envisager les âges « extrêmes ». Cette difficulté statistique renvoie directement à une question d'ordre sociologique, à savoir l'indétermination sociale (relative) des individus en question : le « jeune » stagiaire doit-il figurer dans la même catégorie que le « jeune » chômeur ? Question d'autant plus délicate à trancher qu'un même individu peut passer insensiblement d'une catégorie à une autre au cours de sa trajectoire sociale, de sorte que les catégories statistiques risquent, dans certaines situations, de s'apparenter à de purs et simples artefacts. De plus, une catégorie statistique a toujours tendance à homogénéiser une population (les plus de 60 ans, par exemple) alors que l'âge ne saurait constituer le seul ni le principal déterminant social de la personne, d'autant que les transformations survenues, au fil du temps, ne sont guère lisibles directement par les statistiques et peuvent alors laisser croire à des régularités factices (les plus de 60 ans en 2013 diffèrent à bien des égards de leurs homologues des années 1960 et ne leur sont pas immédiatement assimilables).

1. Pour deux exemples : R. Lenoir, « L'invention du "troisième âge" », et L. Thévenot, « Une jeunesse difficile. Les fonctions sociales du flou et de la rigueur dans les classements », *Actes de la recherche en sciences sociales*, n° 26/27, 1979. Voir aussi, Olivier Galland, *Sociologie de la jeunesse*, Paris, Armand Colin, 2006 et Vincent Caradec, *Sociologie de la vieillesse et du vieillissement*, Paris, Armand Colin, 2012.

2. Comment classer ses semblables ?

Le sociologue, l'économiste, le statisticien utilisent dans leur travail quotidien des nomenclatures, c'est-à-dire des listes de catégories ordonnant les données statistiques afin de pouvoir procéder à des comparaisons dans le temps. La nomenclature des professions et catégories socioprofessionnelles adoptée en 1982 par l'INSEE constitue le principal instrument d'analyse de la population active française, répartie en différents groupements plus ou moins homogènes. Au début des années 1980, puis en 2003, l'ancienne nomenclature qui datait de 1954 fut profondément révisée, en raison notamment de l'ampleur des bouleversements de la société française intervenus en trente ans.

► **Une première difficulté survient dans l'élaboration de nomenclatures puisque deux objectifs – souvent contradictoires – doivent être simultanément respectés :** la construction de catégories suffisamment « solides » permettant de procéder à des comparaisons, notamment internationales ainsi que l'adaptation aux évolutions de la structure sociale afin de produire des groupements dotés d'un degré élevé de réalité. Comment opérer alors un découpage pertinent de la réalité sociale ? Un premier élément à prendre en compte en sciences sociales est l'impact éventuel qu'une opération de classement peut exercer – la plupart du temps, involontairement – sur les individus étudiés : la sociologie doit tenir compte, davantage encore que les sciences de la nature, de la manière dont la « réalité » est perçue par les agents sociaux ainsi que des enjeux sociaux – bien réels – que son investigation soulève.

Classer des papillons pose infiniment moins de problèmes que classer des êtres humains tout simplement parce qu'il est rare (!) que les premiers aient leur mot à dire sur le classement réalisé par le chercheur qui, en outre, n'affecte guère leur comportement. On peut admettre, à l'inverse, que déclarer sa profession constitue souvent une « épreuve » puisque l'information délivrée met en jeu le statut social de la personne qui s'efforce ainsi de mobiliser toutes les ressources dont elle dispose : « Ainsi une personne travaillant dans le bâtiment pourra dire : “Je travaille chez Bouygues”, “Je travaille comme directeur des achats dans le bâtiment", "Je travaille chez Francis (ou Martin) Bouygues", "Je travaille avec Francis (ou Martin) Bouygues" [1]. »

Autrement dit, puisque chacun a une idée plus ou moins précise de la place qu'il occupe dans la société, les chercheurs chargés d'élaborer la nouvelle grille des PCS (professions et catégories socioprofessionnelles) ont considéré qu'il était pertinent de prendre comme point de départ les représentations sociales des individus, c'est-à-dire leurs façons de « juger », dans la vie courante, leurs semblables [2]. Chaque individu est ainsi conduit quotidiennement à partir d'un certain nombre d'indices tels que la tenue vestimentaire, la manière de se mouvoir, le langage, jusqu'au lieu de résidence, la profession, le niveau scolaire… et dans un délai limité, à identifier ses contemporains. Les représentations sociales revêtent une importance capitale lorsqu'il s'agit de « construire » des groupes sociaux à des fins analytiques puisque certains d'entre eux possèdent déjà une « consistance » avant que le sociologue n'intervienne : le plus invétéré des citadins possède, en effet, une image, voire un stéréotype de l'agriculteur alors que même si son épouse est infirmière, il a des chances de rester muet lorsqu'on évoque devant lui les « professions intermédiaires ».

▶ **Faut-il pour autant en rester au regard « ordinaire » porté par les individus sur leurs semblables ?** Certainement pas lorsqu'on prétend se livrer à une analyse sociologique. Comment construire alors des catégories à la fois rigoureuses scientifiquement dans lesquelles les individus puissent se reconnaître ?

La nomenclature de l'Insee des PCS illustre la difficulté de cette entreprise. Afin que les catégories retenues possèdent un degré de réalité suffisant, un certain nombre de dimensions historiques qui rendent compte des spécificités de la population active française doivent être intégrées.

La notion de « métier » représente ainsi un legs de l'Ancien Régime (époque où les métiers étaient répartis en corporations) et traduit une vision de la société en harmonie avec la prépondérance de l'artisanat et du commerce, voire de l'agriculture, conforme en cela à la société française de la première moitié du XIX*e siècle.*

1. F. Kramarz, « Déclarer sa profession », *Revue française de sociologie,* vol. 32, n° 1, 1991.
2. A. Desrosières, L. Thévenot, *Les Catégories socioprofessionnelles,* Paris, La Découverte, 1992.

Tableau 1
Population en emploi selon le sexe et la catégorie socioprofessionnelle en 2011

	Femmes	Hommes	Ensemble
Agriculteurs exploitants	1,2	2,8	2,0
Artisans, commerçants, chefs d'entreprises	3,8	8,9	6,5
Cadres et professions intellectuelles supérieures	14,5	20,3	17,6
Professions intermédiaires	26,1	22,9	24,4
Employés	45,6	12,7	28,3
Ouvriers	8,7	32,3	21,1
dont :			
Ouvriers qualifiés	3,4	23,2	13,8
Ouvriers non qualifiés	5,3	9,1	7,3
Ensemble	**100,0**	**100,0**	**100,0**
Effectif (en milliers)	12 240	13 538	25 778

Lecture : en moyenne en 2011, 32,3 % des hommes ayant un emploi sont ouvriers.

Ce n'est qu'avec l'essor de la grande entreprise (qui se produit en France à la fin du XIXe siècle), que la classification en métiers a été concurrencée par une autre : la distinction entre patrons et salariés.

À partir des années 1930, avec l'extension du salariat, cette dernière catégorie (devenue trop hétérogène) se subdivise et une hiérarchisation des salariés apparaît en fonction du niveau de qualification.

La nomenclature des PCS de 1982 inclut, à sa manière, les moments historiques antérieurs indispensables pour comprendre les permanences et les modalités d'évolution de la structure sociale de la France. Les traditions historiques liées aux transformations sociales de chaque pays ne peuvent être négligées et c'est la raison pour laquelle les comparaisons internationales – tout en étant indispensables – s'avèrent particulièrement périlleuses, puisque, d'un pays à l'autre, les logiques qui président aux regroupements diffèrent : la catégorie « cadres » qui en France semble « naturelle » n'a pas d'équivalent à l'étranger et, pour prendre un seul exemple hors de nos frontières, la catégorie anglaise *professional* ne recouvre pas le même type de population puisqu'elle a été édifiée sans relation directe avec le monde de l'entreprise : elle regroupait à l'origine les membres du clergé anglican, les médecins et les hommes de loi.

Établir des équivalences entre des personnes afin de les faire « entrer » dans des catégories préexistantes s'avère donc une opération complexe qui intègre nécessairement plusieurs dimensions, comme l'atteste la nomenclature des PCS de 1982 : salariés/indépendants ; fonction publique/secteur privé ; secteur d'activité ; taille de l'entreprise ; niveau de qualification ; position hiérarchique…

Les six catégories d'actifs retenus par l'INSEE[1] ne doivent donc pas être envisagées comme des groupes homogènes (peut-on confondre un architecte, un magistrat, un artiste de variétés et un ingénieur pourtant inclus dans la catégorie cadres et professions intellectuelles supérieures ?) mais davantage comme une tentative d'objectivation sociologique de la réalité sociale, c'est-à-dire comme un outil visant à élaborer une représentation de l'espace social qu'il s'agit de mettre à l'épreuve aussi bien des représentations sociales que des transformations effectives de la société.

3. Prudent dans l'usage des statistiques, le sociologue s'interroge également sur l'utilisation des sondages

Aujourd'hui largement assimilé au sondage d'opinion (voir IIe partie, chap. 6), le sondage est avant tout une technique d'enquête qui consiste à administrer un questionnaire à un échantillon d'individus représentatifs d'une population plus vaste, appelée population mère.

► **Cette méthode, lorsqu'elle est suffisamment contrôlée, présente l'intérêt de recueillir des informations précises sur une population étendue alors que l'on n'interroge qu'une fraction réduite de celle-ci.** Le sondage permet, par exemple, de savoir quelle catégorie de la population (en fonction de l'âge, du revenu, de la PCS, du lieu de résidence, du sexe…) pratique le plus fréquemment un

1. 1 / Agriculteurs exploitants ; 2 / Artisans, commerçants, chefs d'entreprise ; 3 / Cadres, professions intellectuelles supérieures ; 4 / Professions intermédiaires ; 5 / Employés ; 6 / Ouvriers.

instrument de musique, la boxe ou le golf…, et mesure les écarts entre les diverses catégories. Une enquête par questionnaire peut également porter sur un même échantillon de personnes et être reconduite à différents moments : on parle alors de **panel**, une technique popularisée par le sociologue américain Paul Lazarsfeld (1925-1976) et particulièrement utilisée pour mesurer les variations de comportement des consommateurs (études de marché), comme des électeurs (étude de l'impact de la campagne électorale et de ses effets sur le vote).

► **La technique des sondages nécessite toutefois un savoir-faire spécifique car des risques d'erreurs sont susceptibles d'intervenir à chaque étape de l'enquête.**

• La première étape consiste à **constituer un échantillon** (population de taille réduite représentative de la population mère). Deux méthodes sont alors possibles : la méthode aléatoire et la méthode dite des quotas. Dans le premier cas, l'échantillon est constitué par un tirage au sort du nombre d'individus à partir d'une liste, telle celle proposée, par exemple, par le bottin téléphonique. Il faut alors éviter les **biais**, c'est-à-dire les erreurs imputables à la conduite de l'enquête elle-même. Par exemple, une part non négligeable de la population ne figure pas dans le bottin (les personnes qui ne possèdent pas le téléphone ou qui figurent sur « liste rouge »). Si ce genre de problème n'est pas pris en compte, une part de la population peut se retrouver, de fait, exclue de l'enquête, qui ne sera alors pas représentative de l'ensemble de la population mère. La méthode des quotas, pour sa part, nécessite de connaître les caractéristiques précises de la population mère (le pourcentage de femmes, de 18-25 ans, de ruraux…) afin de les reproduire fidèlement dans l'échantillon.

• Étape suivante : l'**élaboration du questionnaire** qui doit faire l'objet de tests préalables avant d'être proposé afin de vérifier sa lisibilité (les questions ne sont-elles pas trop complexes ? Renferment-elles des significations voisines ou éloignées pour les catégories diverses de la population ?). Dans le cas du sondage, les questions sont dites fermées : la personne interrogée doit choisir un item parmi une liste, c'est-à-dire une réponse déjà codée par l'analyste *(« Partez-vous très régulièrement, assez régulièrement, rarement, ou jamais aux sports d'hiver ? »).* Le danger d'artefact est ici présent lorsque l'enquêteur recueille des réponses qui ne correspondent pas aux pratiques effectives des individus. On remarque, par exemple, dans les enquêtes portant sur l'écoute de la télévision et les préférences des téléspectateurs, que la demande est exceptionnellement forte pour les émissions culturelles, lesquelles drainent pourtant la plupart du temps un taux d'écoute confidentiel. L'enquêteur peut ainsi, dans certains cas, se laisser abuser par un enquêté soucieux de se « faire bien voir » en adoptant des réponses conformes à ce qu'il croit être le « bon goût » ou alors collecter des réponses d'intérêt médiocre lorsque les questions n'ont qu'un très faible degré de réalité pour l'individu interrogé (l'évocation de la mode vestimentaire avec une personne âgée, résidant en zone rurale, par exemple).

• Se pose alors le problème de **la réalisation de l'enquête**. Elle peut être administrée de façon indirecte, par écrit (ce qui engendre généralement un faible taux de réponses car seule la fraction de la population la plus concernée par la question renvoie le questionnaire), ou directement : par entretien téléphonique ou rencontre en face à face. Lorsqu'il n'existe pas de relation préalable entre l'enquêteur et l'enquêté (ce qui est la règle), la rencontre directe offre plus de garanties car l'enquêté se sent généralement davantage « concerné » par le questionnaire en raison de la présence physique de son interlocuteur. Cependant, lorsque l'enquête porte sur des questions qui peuvent être jugées gênantes – ayant trait, par exemple, à la vie privée –, l'anonymat préservé par la distance de l'entretien téléphonique peut s'avérer préférable [1]. Une fois le questionnaire diffusé, les réponses collectées sont dépouillées et traitées au moyen de l'informatique avant d'être analysées.

• Chaque étape comporte ainsi des risques d'erreurs que le savoir-faire des enquêteurs parvient parfois à éviter mais qui exige une attention vigilante.

► **Quel crédit accorder alors aux sondages portant sur les pratiques sociales des individus ?** Cette technique d'enquête est indispensable parce qu'elle permet de recueillir une masse d'informations considérables sur une population, mais ses résultats doivent être interprétés avec prudence.

1. « Un modèle d'enquête particulièrement délicate », Nathalie Bajos, Michel Bozon (dir.), *Enquête sur la sexualité en France*, Paris, La Découverte, 2008.

Il faut, en effet, se garder de formuler des conclusions hâtives lorsqu'on ne dispose que d'informations générales et nécessairement réduites (les enquêtes par sondages laissent relativement peu s'exprimer l'enquêté qui se borne à choisir une réponse prédéfinie). Une démarche caractéristique de la sociologie religieuse incarnée en France par Gabriel Le Bras (1891-1970) consiste, par exemple, à mesurer le taux de pratique religieuse défini par l'assistance régulière à la messe : cet indicateur révèle aujourd'hui que moins de 10 % de la population française peut être qualifiée de catholique pratiquante régulière (c'est-à-dire celle qui participe au moins une fois par mois à un office). Peut-on alors conclure, à l'aide de cet indicateur, à la « fin de la religion » ? Une telle affirmation serait pour le moins péremptoire car la pertinence de l'indicateur mérite discussion : l'assistance régulière aux offices est certes centrale dans la religion catholique mais ne présente pas la même importance dans d'autres religions (le protestantisme, par exemple). Il est alors impossible de retenir cet indicateur comme révélateur d'un degré générique de « religiosité ». En outre, un instrument de mesure peut devenir obsolète lorsqu'il n'est plus capable de mesurer l'évolution des comportements sociaux : si l'assistance aux offices connaît un déclin régulier depuis un demi-siècle dans la religion catholique, d'autres types de phénomènes religieux ont émergé, baptisés « nouveaux mouvements religieux » (comme l'essor des mouvements charismatiques, par exemple). Ces mouvements ne s'avèrent guère saisissables par l'indicateur traditionnel d'assistance à la messe. Autrement dit, le sociologue doit s'interroger précisément sur la pertinence de l'instrument qu'il emploie en fonction de la question qu'il se pose et éviter la « routinisation des procédures » : ce qui a « marché » dans une enquête ne « marchera » pas nécessairement dans une autre même si les objets semblent, de prime abord, très proches l'un de l'autre.

II. Les méthodes qualitatives

1. Présentes dès l'avènement de la sociologie, les méthodes qualitatives jouissent aujourd'hui d'un regain d'intérêt

Cela s'explique notamment par la remise en cause de l'**empirisme** qui consistait trop souvent à accumuler des données quantitatives afin de procéder à des analyses comparatives, sans s'interroger suffisamment sur la signification de l'opération de collecte. Peut-on, en effet, comparer véritablement le PIB (produit intérieur brut) d'un pays industrialisé pour lequel les sources statistiques sont multiples avec celui de tel pays en développement qui ne possède pas d'appareil statistique fiable et dont une part centrale de la richesse produite échappe à toute opération comptable ? En réaction à la « quantophrénie » – c'est-à-dire la tendance à réduire la sociologie à la production de données quantitatives – qui triomphait particulièrement dans la sociologie américaine des années 1950 et débouche inévitablement sur l'**objectivisme** (posture qui conduit à adopter, par le sociologue, une position de « surplomb » qui admet comme « allant de soi » un ensemble de phénomènes qui méritent pourtant qu'on s'y arrête tels qu'un taux de suicide, une PCS…), un certain nombre de sociologues nord-américains ont préconisé un retour en force des méthodes qualitatives qui présentent l'avantage de « rapprocher » le chercheur de son objet d'étude.

► **Une des techniques d'enquête importée de l'anthropologie** [1] **est l'observation directe ou participante.** Dans l'observation directe, le sociologue se borne à observer les comportements d'individus placés dans une situation d'interaction (des supporters lors d'un match de football, les agents de l'ANPE recevant les demandeurs d'emploi…) alors que dans l'observation participante, il adopte un comportement plus « actif » et se mêle à l'existence quotidienne de la population qu'il étudie : cette méthode est ainsi particulièrement utilisée par les ethnologues, à la suite de l'anthropologue britannique Bronislaw Malinowski (1884-1942) qui, rompant avec « l'ethnologie en chambre », partagea la vie des habitants des îles Trobriand et s'efforça de démontrer que l'organisation de la société dite primitive possède sa propre cohérence et qu'elle n'est pas « irrationnelle » : elle diffère simplement des modes habituels de penser de l'observateur occidental.

L'anthropologue ou l'ethnologue (les deux termes sont ici synonymes) qui se retrouve immergé dans une société qui n'est pas la sienne doit, en effet, faire un effort particulier pour com-

1. L'anthropologie est la science humaine tournée vers l'analyse des mœurs des sociétés archaïques ou primitives.

prendre « ce qui se passe » dans une civilisation « étrangère » et où il peut, en outre, être perçu comme un trouble-fête. Ce n'est qu'à l'issue d'un apprentissage (l'anthropologue apprend à « regarder » pour « comprendre » comment les autres agissent) qu'il peut parvenir à maîtriser la relation qu'il entretient avec la société étudiée. Il fait, d'une certaine manière, partie intégrante de l'objet d'étude : c'est pourquoi Pierre Bourdieu préfère parler d'**objectivation participante** que d'observation participante, puisque l'ethnologue, « pris » dans la société étudiée, ne peut garder longtemps le silence sur sa participation à la vie sociale du groupe ainsi que sur les effets sociaux qu'elle induit. L'anthropologue américain Clifford Geertz (1926-2006) assistant, dans l'île de Bali, à un combat de coqs interdit se retrouve pris dans une rafle de police. Cette expérience lui permet de participer véritablement à la vie du groupe et il prend alors conscience de son véritable objet d'étude : « C'est en apparence seulement que des coqs se battent ici. En réalité, ce sont des hommes. »

• Le sociologue canadien Erving Goffman (1922-1982), l'un des principaux chefs de file de l'interactionnisme symbolique [1], eut recours à l'observation participante, alors qu'il étudiait les relations des malades mentaux et du personnel dans un hôpital psychiatrique [2]. Afin de comprendre « ce qui se joue » dans cette relation, l'auteur, qui pour les raisons de son enquête occupe une mission fictive d'assistant du directeur de l'hôpital, cherche en fait à se soumettre aux conditions de vie des malades afin de décrire leur vie quotidienne. L'observation continue durant plusieurs mois lui permet de rompre avec la vision psychiatrique, c'est-à-dire la vision « officielle » de l'institution selon laquelle le malade doit tirer profit d'un traitement destiné à le faire réintégrer la vie « normale ». Le point de vue du psychiatre sur l'hôpital n'est en fait qu'un point de vue « indigène » qui ne rend pas compte de l'existence concrète des malades. À la suite de ses observations, Goffman va forger un concept sociologique permettant de saisir les particularités des interactions patients/person-

1. L'interactionnisme symbolique est une tradition particulièrement importante en Amérique du Nord qui insiste sur la dimension « construite » des phénomènes sociaux et les processus par lesquels les individus, en interagissant, produisent des effets les uns sur les autres.

2. E. Goffman, *Asiles. Étude sur la condition sociale des malades mentaux,* Paris, Minuit, 1968 (1961).

nel : **l'institution totale**. Il s'agit d'un idéal-type d'institution (au sens de Max Weber) défini par Goffman comme un lieu de résidence ou de travail où un grand nombre d'individus placés dans une situation identique sont coupés du monde extérieur pour une longue période et mènent ensemble une vie recluse dont les modalités sont explicitement et minutieusement réglées. En fait, Goffman va s'attacher à comprendre comment des individus placés dans une situation inédite vont « gérer » leur identité sociale. À ce titre, la notion d'institution totale lui permet de saisir la spécificité de cet univers, où deux coupures se produisent : la coupure des reclus (c'est le terme employé par Goffman pour parler des « malades ») avec l'univers extérieur et, au sein de l'hôpital, la coupure entre le personnel et les malades. La notion forgée par Goffman, dans un contexte particulier, est transposable à d'autres univers sociaux : une prison, un couvent, une caserne, un sous-marin, un pensionnat… peuvent être considérés comme des institutions totales puisqu'ils isolent un groupe de personnes du monde extérieur et les conduisent à vivre ensemble une partie de leur existence. Est-ce à dire que le sociologue confond une prison et un couvent ? Certainement pas. Mais l'un des intérêts de la démarche sociologique consiste justement à porter un regard différent sur le monde, non par souci d'originalité, mais pour établir des analogies (l'entrée dans les différentes institutions totales commande ainsi un ensemble de rites qui témoignent de la coupure avec le « passé », c'est-à-dire avec le monde extérieur : coupe de cheveux « réglementaire », perte du patronyme, port d'un uniforme…) et faire apparaître des différences en pratiquant la méthode comparative (l'entrée dans une institution totale peut être volontaire – couvent, sous-marin… – ou involontaire – prison, hôpital… –, ce qui en change évidemment la perception par l'intéressé).

2. Les méthodes qualitatives soulèvent également un certain nombre de problèmes méthodologiques

▶ **Une technique qualitative couramment utilisée en sociologie est l'entretien.** À la différence de l'enquête par questionnaire qui se prête à la quantification, la personne interrogée possède une marge de manœuvre plus importante puisque son intervention ne se limite pas au « choix » d'un item prédéfini. L'entretien peut être non directif (l'interviewé n'est pas « guidé » et conduit l'entretien après que le sociologue lui a proposé un thème), semi-directif (le sociologue intervient ponctuellement pour « recadrer » l'entretien et poser des questions complémentaires), directif (qui s'apparente à l'enquête par questionnaire, précédemment exposée). L'entretien s'avère une technique fructueuse puisque riche en informations mais difficile : comment être certain de la sincérité des réponses obtenues ? Le sociologue ne saurait récolter des informations simplement parce qu'il est un spécialiste. Dans certaines circonstances, l'image sociale qui est la sienne peut même constituer un handicap supplémentaire pour son enquête : l'un d'entre eux, enquêtant sur la jeunesse en milieu populaire, se voit répondre, de manière peu amène : « Les intellos, je leur casse la gueule d'abord et on s'explique après. » [1]

Le sociologue ne doit, en effet, jamais oublier que la relation d'enquête est une relation sociale comme une autre et qui doit donc être interrogée comme telle. On sait ainsi que les individus n'ont pas une maîtrise égale du langage et que celle-ci diffère en fonction du milieu social et plus encore du niveau culturel. Le sociologue et linguiste William Labov remarque ainsi, dans *Le Parler ordinaire* (1972), une étude portant sur le langage pratiqué dans les ghettos noirs américains, que lorsqu'une rencontre s'établit entre Blancs et Noirs ces derniers abandonnent leur « langue » habituelle au profit de l'anglais standard. Pour saisir le langage ordinaire du ghetto, le sociologue ne peut recourir à un entretien classique et doit trouver une parade : il enregistre, à l'aide d'un micro-cravate, les conversations qui se déroulent à l'intérieur du groupe. Le sociologue est, dans ce cas précis, contraint par un phénomène social (la répartition inégale de la maîtrise de la parole dans la société) qui, tout en constituant un obstacle supplémentaire pour son travail, lui ouvre des pistes d'analyse et lui fait prendre conscience de l'impossibilité de « plaquer » des techniques sans prendre la précaution de savoir si elles sont ou non ajustées à son objet d'étude.

1. G. Mauger, C. Fossé-Poliak, « Les loubards », *Actes de la recherche en sciences sociales*, n° 50, 1983 et G. Mauger , *Les Bandes, le milieu et la bohème populaire*, Paris, Belin, 2006.

Un sociologue peut ainsi se révéler « intimidant » pour ceux qui ne sont guère habitués à discourir (particulièrement, les catégories populaires) et qui visent, dans la relation d'entretien, à devancer ses attentes afin de « garder la face »[1]. La tâche n'est guère plus aisée, lorsque le sociologue s'avise de s'introduire dans un milieu social « fermé » : il doit faire preuve d'infinies précautions afin de se faire admettre et a tout intérêt à mener de discrètes « stratégies d'approche » pour se faire recommander de la population qu'il a choisi d'étudier[2]. La moindre erreur peut lui être fatale et les portes se refermer définitivement sur lui. La situation d'enquête nécessite donc une investigation spécifique puisqu'il ne suffit pas de donner la parole à quelqu'un pour qu'il la prenne spontanément, et encore moins dans le sens escompté par le sociologue.

Cet inventaire (non exhaustif) des difficultés et des particularités propres à chacune des techniques mises en œuvre en sociologie ne vise pas à décourager des vocations face à l'ampleur de la tâche mais davantage à faire prendre conscience du fait qu'il n'existe pas de bonne méthode en soi, mais seulement des méthodes plus ou moins bien adaptées à une stratégie de recherche. Le sociologue a ainsi tout intérêt à combiner les démarches (l'observation participante n'est pas l'ennemie des statistiques) et surtout, à l'image de l'automobiliste s'apprêtant à prendre la route, à contrôler son instrument, s'il ne veut pas courir le risque d'un accident de parcours.

1. Voir en ce sens, G. Mauger, « Enquêter en milieu populaire », *Genèses*, n° 6, 1991.

2. M. Pinçon, M. Pinçon-Charlot, *Voyage en grande bourgeoisie*, Paris, Puf, 1997.

3

Les traditions sociologiques

UN APERÇU DES GRANDS COURANTS

La pensée sociologique est traditionnellement présentée à travers l'affrontement théorique qui oppose ses deux courants principaux, l'individualisme méthodologique et le holisme. La sociologie n'est cependant pas réductible à un chapelet d'auteurs, ni à l'énoncé de positions théoriques « inconciliables ». Elle est notamment marquée aujourd'hui par de multiples tentatives de dépassement des anciens clivages liés à l'émergence de la discipline : leurs principales caractéristiques tiennent en la remise en cause de catégories « classiques » d'analyse (dichotomie entre individu et société, entre microsociologie et macrosociologie...) ainsi que dans le projet de mettre en œuvre une approche « relationnelle » des phénomènes sociaux.

I. L'individualisme méthodologique

1. L'expression « individualisme méthodologique » a été forgée par l'économiste et sociologue autrichien Joseph Schumpeter (1883-1950)

Elle constitue un paradigme [1] central en sciences sociales, selon lequel l'analyse de la réalité sociale découle de l'explication stricte des comportements individuels. Cette approche s'est particulièrement affirmée en économie avec l'instauration d'un *homo œcono-*

1. Un paradigme rassemble un ensemble de propositions théoriques qui s'inscrivent dans un cadre d'analyse de la réalité : la lutte des classes est, par exemple, une proposition du paradigme marxiste.

micus (individu fictif qui sert de modèle pour l'analyse néoclassique du marché). À la fois rationnel et maximisateur sous contraintes, celui-ci est utilitariste et cherche dans toute situation à adopter le comportement qui, en fonction des ressources dont il dispose, lui est le plus favorable.

► **La démarche de l'individualisme méthodologique en sociologie est généralement attribuée à Max Weber** qui a notamment écrit que « la sociologie, elle aussi, ne peut procéder que des actions d'un, de quelques ou de nombreux individus séparés. C'est pourquoi elle se doit d'adopter des méthodes strictement "individualistes" ». Il ne faudrait cependant pas oublier que Weber, lorsqu'il distinguait les différents types d'actions sociales (voir chap. 1), admettait volontiers que l'action rationnelle en finalité (celle qui s'apparente à l'individu mettant en adéquation ses moyens avec les fins qu'il poursuit) n'était qu'un des types possibles de comportement parmi d'autres et, en pratique, certainement pas le plus fréquent.

► **L'individualisme méthodologique est principalement représenté en France par le sociologue Raymond Boudon** qui met l'accent sur les différences entre l'approche des économistes et celle des sociologues : pour les premiers, l'individu est censé adopter dans toute situation un comportement conforme à ses intérêts alors que pour les seconds le contexte social interfère sur le calcul des acteurs. Partant des motifs qui poussent l'individu à agir, le sociologue qui se réclame de l'individualisme méthodologique n'ignore cependant pas que l'individu entre nécessairement en relation avec autrui, sans avoir nécessairement la possibilité d'anticiper ses actes (le modèle du joueur d'échecs qui élabore sa stratégie en tentant de prévoir les coups de l'adversaire s'avère ici fécond). Raymond Boudon parle d'**effet émergent** (ou encore d'effet de composition, d'effet pervers…) pour analyser l'agrégation des comportements individuels puisque, pour cet auteur, les comportements collectifs sont réductibles à la somme des comportements individuels. Cet effet n'est d'ailleurs jamais totalement maîtrisable par l'individu et se révèle parfois contraire à ses projets. Prenons l'exemple de la formation d'une file d'attente : si chaque automobiliste se montre prévoyant et suit attentivement les conseils de la sécurité routière (prendre le volant aux « heures creuses »), il en résultera immanquablement un « bouchon » gigantesque. L'effet pervers est donc un effet non voulu qui peut contredire les anticipations et les objectifs des individus formulés isolément les uns des autres. L'agrégation de diverses actions individuelles – pourtant rationnelles – peut alors déboucher sur une situation qui, sur le plan collectif, n'en demeure pas moins sous-optimale.

► **La situation d'interdépendance entre individus et ses effets ont été soulignés par un économiste et sociologue américain, Mancur Olson, dans son ouvrage, *La Logique de l'action collective* (1966).** Analysant la manière dont les individus se regroupent (dans un syndicat, un parti politique, une association...), cet auteur estime que le fait de partager un intérêt commun (qu'il s'agisse de la défense de « valeurs » ou d'intérêts matériels) ne suffit pas pour agir. Considérant, conformément au paradigme de l'individualisme méthodologique, que l'individu est guidé par son intérêt personnel, Olson en conclut que l'individu est incité à s'abstenir de toute action : c'est ce qu'il appelle le **paradoxe de l'action collective.** Dans le cas du déclenchement d'une grève portant sur une augmentation de salaire éventuelle, on constate que lorsque l'action collective réussit, les gains obtenus sont partagés entre l'ensemble des salariés, que ceux-ci se soient engagés ou non dans le mouvement. Autrement dit, l'individu rationnel a tout intérêt à se comporter en **passager clandestin** (donc à laisser agir les autres) puisque l'action collective entraîne toujours des coûts, d'ordre financier (le salaire est, par exemple, amputé des journées de grève), social et psychologique (tels que les divers moyens de pression envisageables par la direction). Si chacun adopte cette attitude rationnelle, il n'y aura cependant pas d'action collective et la situation qui en résultera sera alors défavorable à l'ensemble des salariés. Il s'agit donc bien d'un paradoxe puisque l'intérêt individuel (celui qui guide toute action selon les tenants de l'individualisme méthodologique) peut, dans certains cas, entrer en contradiction avec l'intérêt collectif.

Olson considère que la mobilisation a davantage de probabilités de se produire dans un petit groupe que dans un grand groupe puisque la contrainte sociale exercée sur chaque individu y est plus forte (une défection est ainsi davantage visible et immédiatement sanctionnable alors que dans une organisation de masse, elle passe souvent inaperçue) et lorsque le groupe est capable de produire des incitations sélectives (c'est-à-dire des avantages spécifiques destinés à ses seuls membres : un syndicat peut procurer une assistance juridique gratuite, des réductions sur des spectacles, des places dans des centres de vacances…).

L'un des principaux attraits de l'individualisme méthodologique est de souligner que l'individu n'est pas réductible à un être « passif » (le « jouet » des structures sociales) et qu'il ne se borne pas à agir « mécaniquement » sans attribuer de signification à son action.

2. L'individualisme méthodologique a néanmoins fait l'objet d'un certain nombre de critiques qui ont porté sur certains de ses postulats

La notion de rationalité prête ainsi à discussion. Les économistes James March et Herbert Simon (ce dernier obtient le prix Nobel d'économie en 1978) ont introduit la notion de rationalité limitée : l'individu, confronté à une situation pratique, ne recense pas l'ensemble des solutions possibles *a priori* mais n'en envisage qu'un certain nombre, celles qui lui sont immédiatement accessibles, parmi lesquelles il effectue son choix. La rationalité qu'il met en œuvre est, en outre, dite adaptative car l'individu n'est pas spontanément rationnel : celle-ci est le fruit d'un apprentissage qui lui permet progressivement de s'adapter aux circonstances qu'il rencontre.

Autre point discutable dans l'individualisme méthodologique : la notion d'intérêt. Que signifie précisément ce concept dont l'économiste et sociologue américain Albert Hirschman (1915-2012) a rappelé le long cheminement puisqu'il fut, dans l'histoire occidentale, longtemps utilisé en opposition à la notion de « passion » et finit par triompher à un moment (le XVIIIe siècle) où il est identifié à la raison ? Est-il envisageable de penser que l'intérêt individuel dicte l'ensemble des conduites ou, à la suite d'Ernest Gellner, ne pouvons-nous pas plutôt admettre que l'individu se contente dans la plupart des cas d'« éviter les gaffes » ?

> « Dans la plus grande partie de leur vie, les hommes ne maximisent rien du tout, ni ne cherchent à atteindre un but concrètement identifiable, mais tiennent tout simplement à être intégrés, ou à demeurer dans une pièce qui

se déroule. Le rôle est sa propre récompense, mais non un moyen pour parvenir à une situation donnée comme fin. »[1]

Dernière critique adressée à l'individualisme méthodologique : l'individu calculateur que ce paradigme décrit est trop souvent un individu désincarné, interchangeable, sans histoire (aux différents sens du terme) puisque n'importe quel autre individu se serait comporté à sa place de la même façon au nom de son intérêt personnel. Autrement dit, le paradoxe de cette sociologie individualiste réside justement dans le fait qu'elle ignore ce qui différencie les individus entre eux. Cette « sociologie sans sujet »[2] néglige par trop le contexte social : les individus n'adoptent pas les mêmes comportements selon la situation et plus encore selon la perception qu'ils ont d'une même situation, perception qui peut d'ailleurs s'avérer erronée et différer selon les trajectoires personnelles, les propriétés sociales... Autrement dit, les définitions que les individus donnent de leur intérêt s'avèrent, en pratique, sensiblement variables, ce qui rend particulièrement délicate la formulation d'hypothèses générales de conduite auxquelles chacun serait censé se conformer.

II. Le holisme

1. La démarche holiste prend le contre-pied de la démarche individualiste

► **Il s'agit, pour comprendre un phénomène social, de partir de la société, envisagée dans sa globalité, et d'analyser particulièrement la contrainte que celle-ci exerce sur la conduite des individus.**
Cette méthode rappelle celle préconisée par Durkheim (voir chap. 1) qui considérait que rompre avec les prénotions consistait justement à mettre entre parenthèses les raisons que l'individu donne de son action puisque celui-ci est rarement en mesure de

1. E. Gellner, « L'animal qui évite les gaffes ou un faisceau d'hypothèses », *in* P. Birnbaum, J. Leca (dir.), *Sur l'individualisme*, Paris, Presses de la FNSP, 1986.
2. Sur ce point, P. Favre, « Nécessaire mais non suffisante. La sociologie des "effets pervers" de Raymond Boudon », *Revue française de science politique*, 30 (6), 1980.

comprendre les réels « motifs » de ses actes. Durkheim estime ainsi que la sociologie se doit d'analyser de quelle manière la société imprime à l'individu des manières de penser et d'agir qui finissent par lui apparaître comme « naturelles ». S'intéressant à la religion et plus particulièrement au sacré dans les religions primitives (en particulier, le totémisme australien) dans son ouvrage *Les Formes élémentaires de la vie religieuse* (1912), Durkheim remarque que l'une des caractéristiques essentielles de la religion est sa dimension collective qui a pour effet de contribuer fortement à resserrer les relations sociales entre individus. Autrement dit, la religion est une affaire de société puisque selon Durkheim « les intérêts religieux ne sont que la forme symbolique d'intérêts sociaux et moraux ». La religion représente ainsi une dimension centrale de la vie d'une collectivité et tend à la transcender.

> « La vie religieuse (est) la forme éminente et comme une expression raccourcie de la vie collective tout entière. Si la religion a engendré tout ce qu'il y a d'essentiel dans la société, c'est que l'idée de la société est l'âme de la religion. »

Les actes et les pensées que nous nous imaginons personnels (tels que la prière, par exemple) nous ont donc été préalablement transmis par la société.

▶ **La démarche holiste est développée, à la suite de Durkheim, par le courant fonctionnaliste particulièrement important dans la sociologie américaine :** ses principaux représentants sont Talcott Parsons (1902-1979) qui cherche à formuler une théorie générale de l'action en combinant les analyses de Weber, de Durkheim, et Robert Merton (1910-2003) qui propose une nouvelle approche du fonctionnalisme. Le fonctionnalisme est une démarche utilisée en premier lieu en anthropologie par Malinowski : on parle alors de **fonctionnalisme absolu.** La société est envisagée comme un ensemble cohérent dont chaque élément remplit une fonction particulière utile à l'équilibre global. Autrement dit, les diverses institutions sociales (la famille, la religion, l'État…) n'existent et ne se perpétuent que parce qu'elles contribuent, chacune à leur manière, au maintien de l'ordre social. Les différents éléments sont ainsi étudiés, non en eux-mêmes, ni pour eux-mêmes mais à partir de leurs relations à l'« environnement », c'est-à-dire au système social global.

Merton amende quelque peu cette vision et préconise un **fonctionnalisme** relatif. Il forge ainsi sur la notion de **dysfonction** : l'harmonie ne saurait régner en toute situation et certains éléments peuvent, par leur action, contribuer au déséquilibre de la société et, dans certaines circonstances, participer à son évolution. Il introduit également la notion d'**équivalent fonctionnel** qui permet de prendre en compte le fait qu'une même fonction peut être, selon le contexte social, exercée par des éléments différents. Il distingue également la **fonction manifeste** (la fonction qu'un élément est censé exercer) et la **fonction latente** (sa contribution effective au système social global). Merton donne l'exemple du *boss* dans la machine politique américaine dont les pratiques politiques sont unanimement condamnées au nom de la morale (puisqu'il pratique, par exemple, le racket pour financer les campagnes électorales). L'existence du *boss* ne peut pourtant se comprendre que par les carences du système dont il est le révélateur.

> « Les déficiences fonctionnelles de la structure officielle engendrent une structure de remplacement (non officielle) pour satisfaire plus efficacement les besoins existants. »[1]

Merton démontre ainsi que le *boss* prend en charge les préoccupations des catégories les plus démunies pour lesquelles il joue le rôle de relais. Il fournit également une aide aux hommes d'affaires (des autorisations diverses aux passe-droits en échange de « pots-de-vin »). Il permet, enfin, à une population non négligeable d'exercer une activité lucrative (commerce illicite de drogue, trafic d'armes...) et il contribue directement à sa promotion sociale. L'analyse de Merton n'a pas pour objectif de faire l'apologie du *boss* mais possède le mérite de s'interroger, de façon réaliste, sur le maintien d'une institution discréditée et qui néanmoins perdure. Cette longévité ne peut alors se comprendre que par les usages dont l'institution fait l'objet : certains groupes sociaux l'investissent, s'y reconnaissent et lui assignent des fonctions sociales spécifiques.

1. Robert K. Merton, *Éléments de théorie et de méthode sociologique* (1953), Paris, Plon, 1965.

2. L'analyse fonctionnaliste a cependant été récusée sur de nombreux points

Le primat accordé à la fonction risque de conduire l'explication dans une impasse ainsi que l'avait déjà souligné Durkheim dans *Les Règles de la méthode sociologique.*

> « Quand donc on entreprend d'expliquer un phénomène social, il faut rechercher séparément la cause efficiente qui le produit et la fonction qu'il remplit. »

L'approche fonctionnelle peut s'avérer parfois purement tautologique : si une institution existe, c'est qu'elle est nécessaire ! Cette méthode possède, en outre, le défaut de ne jamais envisager aucun élément du système de l'intérieur puisque chacun d'entre eux se trouve réduit à une simple « boîte noire » : un parti politique, selon cette approche, agrège les choix des citoyens, recrute les leaders, élabore des programmes, contrôle le gouvernement… Est-ce à dire alors que tous les partis politiques « fonctionnent » de la même façon ? Énumérer les fonctions qu'une institution est censée remplir peut même représenter, dans certains cas, un obstacle à la compréhension d'un phénomène puisque cela conduit, en fait, à s'éloigner des relations sociales effectives qui contribuent à son existence.

Cette approche peut ainsi être qualifiée d'objectiviste, au sens où elle ne s'attache pas à la manière dont les individus agissent (à la signification qu'ils donnent à leur action, comme dirait Weber), ni aux effets sociaux qu'ils produisent (de quelle manière, dans un parti politique, le leader exerce-t-il son autorité ? Quelles sont les ressources dont il dispose pour maintenir sa prééminence ?...). Dans le fonctionnalisme, l'explication demeure unique et englobe *a posteriori* un ensemble de comportements qui obéissent souvent à des logiques différentes. Pour en rester au même exemple, est-il possible de comparer réellement les « fonctions » d'un parti politique français et du Parti communiste en Chine ?

L'analyse fonctionnelle présente l'inconvénient de s'intéresser avec une trop grande « distance » aux comportements des individus en société et a tendance à surestimer de beaucoup la permanence d'une société, uniquement envisagée à un niveau global.

III. Dépasser l'opposition individualisme / holisme ?

1. L'opposition individualisme méthodologique/holisme apparaît bien souvent « forcée » en sciences sociales

Cette opposition classique ne se justifie pas toujours lorsqu'on se réfère aux auteurs supposés être les fondateurs d'une tradition. On s'aperçoit, en effet, bien vite que Max Weber est attentif aux structures sociales, à la manière dont elles affectent les représentations et les actions des individus alors qu'Émile Durkheim n'est pas aveugle aux processus par lesquels la réalité sociale, qui n'est jamais une « donnée », finit par « prendre corps » dans les consciences individuelles. Cette querelle de méthodes en cache souvent une autre, moins scientifique et plus politique : l'opposition classique entre l'individu et la société. Certaines traditions politiques accordent ainsi une primauté à l'individu (le libéralisme, par exemple) alors que d'autres (comme le socialisme) insistent sur la prééminence du groupe. L'énoncé de règles méthodologiques s'avère ainsi parfois prisonnier de principes qui relèvent d'un autre ordre.

► **Le sociologue allemand Norbert Elias (1897-1990) a mis en lumière dans son ouvrage, *La Société des individus* (1987), dont le titre indique déjà la voie à suivre, l'artifice de cette opposition.** Elias tente de faire l'histoire de cette « querelle » et démontre qu'elle a été rendue possible à la suite de l'émergence d'un « individu » séparé de la société dans la pensée occidentale à partir du XVIIe siècle. La philosophie de Descartes et son affirmation : « Je pense donc je suis » sont révélatrices d'une étape spécifique du processus de civilisation marqué par un progrès continu de l'individualisation. À l'époque féodale, par exemple, la notion d'individu n'existe pas encore au sens que nous lui donnons aujourd'hui : celui-ci est, en effet, toujours perçu à travers les groupes auxquels il appartient. Ce phénomène est encore plus marqué au sein des sociétés primitives où l'individu se réduit simplement au membre d'un lignage, d'un clan ou d'une tribu.

La pensée sociologique est, selon Elias, victime et coupable de l'acceptation des catégories de la philosophie classique et ne s'interroge pas suffisamment sur ses fondements historiques.

> « On peut se situer plus près de ceux qui comprennent les sociétés comme des amas ou des masses d'individus avec leurs particularités et leur développement, c'est-à-dire simplement comme le résultat d'intentions et d'actions individuelles. Ou bien on peut se situer plus près de ceux qui comprennent les sociétés, les processus sociaux dans leurs multiples aspects plus ou moins comme si, en un sens, ils existaient en dehors des individus qui les forment et séparés d'eux. » [1]

Ces postures alternatives conduisent la sociologie dans la même impasse puisqu'elles tendent à ignorer – en mettant l'accent tantôt sur l'individu, tantôt sur la société –, l'une ou l'autre des dimensions essentielles de la réalité sociale. Si la société ne possède aucune existence propre (elle se résume à un regroupement d'individus), l'individu ne peut davantage être appréhendé comme une unité isolée (Elias parle d'*homo clausus*) mais seulement à partir des relations qui l'unissent à ses semblables. Elias prend ainsi l'exemple du corps de ballet dans *La Société des individus* :

> « Si l'on considérait séparément chacun des individus qui participent à cette danse, on ne comprendrait pas la fonction de ses mouvements. La façon dont l'individu se comporte en l'occurrence est déterminée par les relations des danseurs entre eux. Il n'en va pas autrement du comportement des individus en général. »

► **Elias forge la notion de configuration afin de saisir l'imbrication des liens qui unissent entre eux les individus.** Ce concept permet de saisir les situations d'interdépendance aussi bien à petite échelle (une salle de classe, une famille) qu'à grande échelle (les relations établies entre un roi et sa cour ou entre États, sur le plan international). L'un des attraits majeurs de cette perspective est de prendre en compte les relations concrètes entre individus ainsi que leurs effets – notamment les contraintes effectives qui pèsent sur leur action. L'individu n'est donc ni totalement « déterminé », ni « libre » d'agir à sa guise, mais il dispose d'une

1. N. Elias, *Engagement et distanciation* (1983), Paris, Fayard, 1993.

marge de manœuvre dans un « jeu » où il est un intervenant parmi d'autres.

« Ni le "jeu", ni les "joueurs" ne sont des abstractions. Il en va de même de la configuration que forment les quatre joueurs autour de la table. Si le terme de "concret" a un sens, on peut dire que la configuration que forment ces joueurs, et les joueurs eux-mêmes, sont également concrets. Ce qu'il faut entendre par configuration, c'est la figure toujours changeante que forment les joueurs ; elle inclut non seulement leur intellect, mais toute leur personne, les actions et les relations réciproques. Comme on peut le voir, cette configuration forme un ensemble de tensions. L'interdépendance des joueurs, condition nécessaire à l'existence d'une configuration spécifique, est une interdépendance en tant qu'alliés mais aussi en tant qu'adversaires. » [1]

2. Les théories « relationnelles » visent à reconsidérer les rapports individu/société

L'adoption d'une approche « relationnelle » conduit à être particulièrement attentif à la manière dont la réalité sociale s'instaure dans un mouvement de va-et-vient : en tant que phénomène objectif qui s'impose à tous, mais également au moyen d'une progressive intériorisation dans les consciences individuelles.

► **Le processus par lequel un ensemble de « choses » (telles que l'État, la classe ouvrière, la famille…) finissent par « aller de soi » pour l'individu est appelé l'objectivation sociale.** Un ensemble de phénomènes se « durcissent » et acquièrent au terme du processus une existence propre en dehors des individus qui l'incarnent. Il est en ainsi, par exemple, de l'État (voir IIe partie, chap. 5) qui « existe » aussi bien dans les esprits que comme réalité sociale « objective » : c'est la raison pour laquelle l'État dispose d'une puissance sociale qui ne se réduit pas simplement à l'activité effective des agents qui parlent et agissent en son nom. La réalité sociale existe ainsi à deux niveaux en tant que réalité objectivée (l'histoire produit une réalité qui s'impose aux yeux de tous) et incorporée (l'histoire est intériorisée par les individus en fonction de leurs caractéristiques sociales propres).

1. N. Elias, *Qu'est-ce que la sociologie ?* (1970), Paris, Pandora, 1981.

« Toute action historique met en présence deux états de l'histoire (ou du social) : l'histoire à l'état objectivé, c'est-à-dire l'histoire qui s'est accumulée à la longue du temps dans les choses, les machines, bâtiments, monuments, livres, théories, coutumes, droit, etc., et l'histoire à l'état incorporé, devenue habitus. »[1]

La réalité sociale possède ainsi une double dimension : elle se matérialise dans des objets qui acquièrent une « existence » autonome comme dans les esprits qui intériorisent des manières spécifiques de « voir » la réalité et contribuent ainsi à la reproduire. Le sociologue britannique Anthony Giddens utilise l'expression de **dualité du structurel** afin de montrer que la réalité sociale s'impose à l'individu lorsqu'il vient au monde (le langage, les règles de savoir-vivre... lui sont transmis par ses devanciers) mais il contribue, à son tour, à son maintien en agissant conformément aux attentes d'autrui.

► **Erving Goffman, comme l'ensemble des sociologues interactionnistes, met l'accent sur les relations de « face à face » instaurées entre individus qui tendent à assurer le bon déroulement de l'interaction (afin qu'aucun des participants ne « perde la face ») et qui participent également, à leur manière, au maintien de l'ordre social.** Goffman étudie ainsi les rites d'interaction par lesquels les individus entrent en contact les uns avec les autres : il s'agit par le respect d'un ensemble de règles codifiées (la politesse, le tact) de préserver l'identité sociale de la personne avec laquelle on entre en relation.

Des rituels d'accès commandent les façons d'aborder autrui et témoignent du souci de préservation de son territoire (« Veuillez m'excuser »).

Les rituels de confirmation garantissent l'identité des acteurs (faire preuve de déférence en installant un invité à une place d'honneur).

Les rituels de réparation font leur apparition lorsqu'un individu commet une gaffe qui constitue une menace pour l'issue de l'interac-

1. P. Bourdieu, « Le mort saisit le vif. Les relations entre l'histoire réifiée et l'histoire incorporée », *Actes de la recherche en sciences sociales*, n° 32/33, 1980. L'habitus peut se définir comme un ensemble de principes de perception et d'appréciation de la réalité sociale qui conduisent l'agent social à adopter des actions spécifiques (voir IIe partie, chap. 2).

tion (s'excuser parce qu'on a posé une question indélicate, se mettre à rougir...).

Les relations sociales dans lesquelles les individus sont pris requièrent ainsi le respect d'un certain nombre de règles sociales implicites qui fournissent la preuve que chacun « joue bien le jeu ». Lorsque ce n'est pas le cas, l'individu s'expose à diverses sanctions dont certaines peuvent s'avérer lourdes comme, par exemple, se faire exclure d'un groupe social (voir IIe partie, chap. 3).

L'organisation sociale ne s'impose donc pas aux individus « mécaniquement » et de l'« extérieur » puisque ceux-ci contribuent à leur manière et le plus souvent sans y prêter grande attention à sa perpétuation à travers l'ensemble des interactions qui les mettent en relation.

Deuxième partie

Quelques principaux thèmes de la sociologie

1

La culture

COMPRENDRE CE QUI NOUS FAIT AGIR

I. Définir la culture

1. La notion de culture a un sens précis en sciences sociales qui diffère de sa signification courante

► **Le terme de culture, employé en premier lieu en anthropologie définit l'ensemble des croyances, coutumes, manières de pensée et d'agir propres à une société humaine.** Toute société possède ainsi une culture que l'ethnologue a pour mission de découvrir. L'ampleur de cette entreprise (brièvement évoquée lors de l'étude des méthodes qualitatives (voir Ire partie, chap. 2)) réside dans la tentative de comprendre la signification que les individus donnent à leur action. Le principal danger qui guette l'ethnologue, en route vers une terre inconnue (qu'il s'agisse de l'Amazonie ou d'un village béarnais) est l'**ethnocentrisme**, c'est-à-dire l'attitude qui consiste à se référer à ses propres valeurs pour juger les autres, ce qui revient à nier les différences culturelles au nom de la « supériorité » de la société de l'observateur. L'anthropologue français Claude Lévi-Strauss (1908-2009) a mis en évidence dans son ouvrage *Race et Histoire* (1952), la permanence de cette posture qui consiste à « rejeter hors de la culture, dans la nature, tout ce qui ne se conforme pas à la norme sous laquelle on vit ». L'humanité peut ainsi se réduire, dans les sociétés traditionnelles, aux frontières de la tribu : les « autres », irrémédiablement assimilés aux « sauvages », sont déchus de leur qualité d'êtres humains, et à ce titre, peuvent faire l'objet de traitements dégradants. L'ethnocentrisme dans sa forme la plus extrême conduit au racisme, c'est-à-dire en la croyance en l'existence d'une hiérarchie entre « ethnies » ou « races ».

• Si l'ethnologue est généralement préservé de ce type de « croyance », l'ethnocentrisme peut toujours se manifester de manière insidieuse dans son étude. Le réflexe « naturel », lorsqu'on se trouve dans une société qui n'est pas la sienne, est de prendre appui sur ses propres repères, ce qui peut amener à méconnaître les particularités de la société étudiée. L'ethnologue ou le sociologue (ils sont, sur ce point, parfaitement semblables) doit faire l'effort de comprendre la logique de phénomènes qui, lui étant inconnus, possèdent toutes les caractéristiques de l'« étrange ». Une fois cette expérience faite, celui-ci a la possibilité de s'interroger en retour sur sa propre culture : il peut alors comprendre que ce qu'il estimait « naturel » (serrer la main d'une connaissance, porter des vêtements noirs en période de deuil, rouler à droite, etc.) relève en fait du domaine culturel, c'est-à-dire d'un ensemble de traditions acquises et transmises dans une société donnée. Norbert Elias rapporte ainsi, dans son ouvrage *La civilisation des mœurs* (1939), que la généralisation de l'usage de la fourchette à table (pratique sociale qui nous est aujourd'hui tellement familière qu'il ne nous viendrait guère à l'idée de nous interroger sur ses origines) s'explique par les transformations du processus de civilisation occidental qui a pour conséquences principales l'intériorisation durable par les individus d'un nombre toujours plus élevé de normes sociales ainsi que la codification progressive des règles de vie en société.

> « Pourquoi faut-il donc une fourchette ? Pourquoi est-il « barbare » et « peu civilisé » de prendre avec les doigts ce qui se trouve dans son assiette personnelle ? Parce que nous éprouvons un sentiment de malaise quand nous salissons nos doigts ou du moins quand on nous aperçoit en société avec des mains crasseuses ou graisseuses. La transmission éventuelle de maladies, c'est-à-dire la "motivation rationnelle" a peu à voir avec l'interdiction de manger avec les doigts dans sa propre assiette. »

► **Les normes culturelles diffèrent donc dans chaque société selon le contexte historique** : pour que les hommes en viennent à s'habituer à l'emploi régulier de la fourchette à table, il a fallu au préalable que les sensibilités ou « l'économie pulsionnelle et affective » selon l'expression d'Elias, se soient modifiées. D'autres pratiques alimentaires, telles que le fait d'apporter un animal vivant à table destiné à être mangé sont désormais jugées « barbares » parce que non conformes à l'état actuel du processus de civilisation.

• Cet exemple démontre que **les normes et les pratiques culturelles, loin d'être universelles, sont particulières et évolutives.** Introduire au « relativisme culturel » permet de prendre conscience que les normes que nous imaginons immuables peuvent parfois, elles aussi, surprendre par leur singularité (« Comment peut-on être persan ? » écrivait Montesquieu, non sans ironie) : cette démarche représente un moyen d'accès à la culture d'autrui. Sa propre culture ne constitue alors pas un obstacle, lorsqu'on ne l'envisage plus comme un étalon de valeurs, mais au titre d'élément comparatif : les pratiques des « autres » peuvent ainsi être éclairées, une fois confrontées et mises en relation avec celles de la société de l'ethnologue.

2. La culture des « autres » possède sa logique propre

► Les raisons qui président aux échanges dans les sociétés primitives peuvent parfois déconcerter l'observateur occidental. Les échanges de biens ou de services dans notre société sont essentiellement d'ordre marchand et donnent généralement lieu à une transaction monétaire. Les ethnologues ont néanmoins démontré que l'échange marchand n'était qu'une forme parmi d'autres d'échange, qui s'est imposée à partir du moment où l'économie est devenue un domaine d'activité autonome séparé des autres activités sociales : c'est ce que l'anthropologue Karl Polanyi (1886-1964) appelle le **désencastrement** de la sphère économique du social, phénomène qui ne s'est véritablement imposé qu'à partir du XIXe siècle, en Angleterre d'abord, puis ensuite dans l'ensemble de l'Occident. L'ethnologue français Marcel Mauss (1872-1950), neveu d'Émile Durkheim, s'est ainsi intéressé, dans son *Essai sur le don*, à la signification des échanges dans les tribus polynésiennes. Leur première particularité est de mettre en relation non pas des personnes physiques, mais des groupements sociaux.

> « D'abord, ce ne sont pas des individus, ce sont des collectivités qui s'obligent mutuellement, échangent et contractent ; les personnes présentes au contrat sont des personnes morales : clans, tribus, familles, qui s'affron-

tent et s'opposent soit en groupes se faisant face sur le terrain même, soit par l'intermédiaire de leurs chefs, soit de ces deux façons à la fois. » [1]

L'échange de biens, en plus de sa dimension collective, se présente généralement sans contrepartie : il s'agit d'un don. Mauss remarque ainsi qu'un rituel gouverne la cérémonie du don et se déroule en trois temps : il définit trois sortes d'obligations qui relèvent du mécanisme du **don contre-don**.

L'obligation de donner (un présent, des politesses, des fêtes...) est une preuve de respect ou d'absence d'hostilité à l'égard d'une tribu voisine.

L'obligation de recevoir s'impose car un refus serait perçu comme une vexation et entraînerait automatiquement des représailles.

L'obligation de rendre, enfin, permet de ne pas « perdre la face » et commande de restituer au moins l'équivalent de ce qui a été reçu et généralement davantage.

Quelle est alors la signification de ces pratiques d'échange qui ne paraissent guère « rationnelles », au sens de l'économie de marché, puisque non seulement il ne s'agit pas d'acquérir des biens au moindre coût mais en outre, une véritable course-poursuite s'engage entre tribus afin de donner toujours davantage de biens ?

Loin de considérer ces primitifs comme dénués de raison, Mauss s'efforce de comprendre ce qui est en jeu dans ce mécanisme d'échanges et s'aperçoit qu'en fait le don est un moyen pour une tribu et avant tout pour son chef d'acquérir du prestige, c'est-à-dire du pouvoir sur les autres tribus.

« Nulle part le prestige individuel d'un chef et le prestige de son clan ne sont plus liés à la dépense, et à l'exactitude à rendre usurairement les dons acceptés, de façon à transformer en obligés ceux qui vous ont obligés (...) C'est à qui sera le plus riche et aussi le plus follement dépensier. »

Rien de plus logique donc que le don dans la société archaïque, puisqu'en conformité avec les règles de l'honneur, il est le fondement essentiel de la puissance sociale. Il ne faudrait cependant pas considérer que la dimension symbolique des échanges est une preuve manifeste d'archaïsme et qu'elle n'aurait plus cours dans nos sociétés : il suffit, par exemple, d'être invité à dîner et de se

1. M. Mauss, *Sociologie et anthropologie,* Paris, PUF, 1950.

présenter avec un bouquet de fleurs à la main qui provoquera immanquablement l'étonnement de la maîtresse de maison (même si les fleurs choisies à chaque invitation sont rigoureusement les mêmes) ainsi que ses remerciements, pour observer que bon nombre d'échanges (des cadeaux d'anniversaire, aux SMS) fonctionnent sur la réciprocité, même si le plus souvent le temps qui sépare le moment du don du contre-don donne l'illusion à chaque participant d'une absence totale de contrepartie, ce qui concourt d'ailleurs au succès de ces pratiques.

II. Une culture ou des cultures ?

1. La notion de culture peut être employée en sociologie à différents niveaux

► **L'approche traditionnelle (qualifiée généralement de culturaliste) provient de l'anthropologie et envisage la culture comme un ensemble de pratiques et de représentations sociales cohérentes et caractéristiques d'une société donnée.** Cette approche englobante, développée notamment par le sociologue américain Ralph Linton (1893-1953) et le psychanalyste Abram Kardiner (1891-1981), insiste sur les traits spécifiques de chaque système culturel. Il existe, ainsi, dans chaque culture, une personnalité de base qui est le produit de l'action de différentes instances (telles que la famille, le clan…) chargées d'inculquer aux individus les valeurs et les normes culturelles de la société. Le poids de la culture se manifeste dans les différents domaines de la vie sociale (religion, art, économie…). L'**approche culturaliste** met donc l'accent sur l'**homogénéité culturelle** qui caractériserait chaque société humaine.

• Cette approche a cependant fait l'objet d'un certain nombre de critiques justifiées : la culture est envisagée dans cette théorie comme un « bloc » invariant susceptible d'expliquer l'ensemble des comportements sociaux. Autrement dit, le relativisme culturel « extrême » auquel il conduit (chaque culture posséderait des particularités qui la distinguent durablement d'une autre) peut constituer un obstacle à la comparaison : des régularités ne sont-elles pas observables d'un code culturel à un autre ? De surcroît, l'unité culturelle d'une même société est nettement surestimée – même dans le cas de sociétés faiblement différenciées comme les sociétés traditionnelles et, à plus forte raison, lorsqu'il s'agit des sociétés modernes. En effet, divers codes culturels peuvent se côtoyer au sein d'une même société et renvoyer notamment aux divers groupes qui composent sa structure sociale.

► **Une approche plus attentive aux significations concrètes que donnent les individus à leurs actions est, dans la lignée de Max Weber, proposée par Clifford Geertz :** la culture n'est plus alors appréhendée comme un ensemble de croyances et de pratiques sociales formant une « totalité » mais davantage comme un code qui permet aux gens de se comprendre, de communiquer entre eux.

> « Croyant, avec M. Weber, que l'homme est un animal suspendu dans les toiles qu'il a lui-même tissées, je tiens la culture pour être ces toiles, et son analyse non pas pour une science expérimentale à la recherche de lois, mais une science interprétative à la recherche de la signification. »

Dire que deux individus partagent une même culture ne saurait signifier pour autant qu'ils agiront de manière identique puisque, si la culture est un code, elle fait inévitablement l'objet d'usages diversifiés. L'ethnologue ne peut alors se contenter de dégager les caractéristiques d'une culture mais doit s'efforcer, selon l'expression de Geertz, de « lire par-dessus l'épaule des indigènes » afin de saisir la façon dont ils actualisent leur code culturel et de quelle manière ils le transforment. Contrairement à l'approche culturaliste pour qui la transmission de la culture ne pose guère de problèmes d'une génération à une autre, on peut admettre, en utilisant la formule de Lévi-Strauss, qu'elle résulte principalement d'un « bricolage » : toute culture se recompose, se transforme (voire se déforme) à travers les multiples utilisations que l'on en fait. La culture gagne donc à être pensée à la manière d'un réservoir de sens puisque, si elle rend possible, dans un univers social, certaines actions et qu'elle en interdit d'autres, elle ne prédétermine jamais totalement les conduites. La culture gagne ainsi à être observée « en actes », c'est-à-dire à partir des actions et des usages que les individus en font et pas simplement à partir de textes puisque ceux-ci peuvent faire l'objet d'appropriations multiples : les textes religieux, par exemple, ne nous disent rien sur leurs diverses interprétations, ni sur leurs utilisations concrètes qui peuvent varier sensiblement selon le contexte [1].

2. L'univers culturel est infiniment moins homogène que l'approche culturaliste ne le suggère

► **Les cultures ne sont pas hermétiques les unes par rapport aux autres :** le processus d'**acculturation** qui consiste pour un individu ou un groupe à s'intégrer à une culture différente de la sienne (à l'issue, par exemple, de phénomènes migratoires [2]) produit ainsi un certain nombre d'effets sociaux à la fois sur la culture d'origine (qui se transforme par l'importation de « nouveaux éléments » notamment par le maintien des relations entre émigrés et la population qui est demeurée au « pays ») et sur la culture d'« accueil » puisque certaines pratiques (alimentaires, vestimentaires…) sont progressivement introduites par les migrants.

Les références culturelles tendent à se diversifier lorsque, à la suite du processus de division du travail, la **conscience collective** (définie par Durkheim comme « l'ensemble des croyances et des sentiments communs à la moyenne des membres d'une même société ») tend à s'affaiblir. Les normes culturelles d'une société varient nettement et peuvent parfois s'opposer d'un groupe social à un autre : on parle ainsi de **sous-culture** pour désigner les valeurs et les pratiques sociales d'un groupe donné au sein de la société et de **contre-culture** lorsque des groupes s'opposent à la culture dominante et préconisent l'instauration de nouvelles normes culturelles.

► **Les normes culturelles sont profondément différentes d'un milieu social à un autre**, ainsi que le souligne Pierre Bourdieu, dans *La Distinction* (1979), en opposant l'organisation du « repas bourgeois » et du « repas populaire » : alors que les classes populaires se caractérisent par ce qu'en référence au « franc-parler », Bourdieu appelle le « franc manger », les catégories supérieures mettent un point d'honneur à manger « dans les formes ». Cette

1. Voir Jean-François Bayart, *L'Illusion identitaire*, Paris, Fayard, 1996.
2. Abdelmalek Sayad, *L'Immigration ou les paradoxes de l'altérité*, Paris, Seuil, 2006.

opposition, loin d'être anecdotique, renvoie en fait à deux visions du monde que tout sépare.

> « Dans un cas la nourriture est revendiquée dans sa vérité de substance nourrissante, qui tient au corps et qui donne de la force (ce qui incline à privilégier les nourritures lourdes, grasses et fortes, dont le paradigme est le porc, gras et salé, antithèse du poisson, maigre, léger et fade) ; dans l'autre cas, la priorité donnée à la forme (du corps par exemple) et aux formes porte à reléguer au second plan la recherche de la force et le souci de la substance et à reconnaître la vraie liberté dans l'ascèse élective d'une règle à soi-même prescrite. »

Selon Pierre Bourdieu, l'une des caractéristiques majeures du style de vie populaire est de « faire de nécessité vertu », c'est-à-dire, à la différence des autres milieux sociaux, de renoncer à toute forme de « prétention » au nom de la « simplicité », ce qui se manifeste aussi bien dans la consommation alimentaire, que, par exemple, dans la consommation culturelle. Les classes populaires se définissent alors « en creux », en référence au « bon goût » qu'elles ne possèdent pas, donc au goût bourgeois. La **culture populaire** est ainsi une culture dominée parce qu'elle n'est jamais socialement envisagée en elle-même ni pour elle-même, mais toujours par rapport à la culture légitime (la culture partagée par les catégories dominantes) qui possède ainsi le privilège de définir les normes culturelles à partir desquelles les groupes sociaux sont évalués : la musique classique est ainsi plus « légitime » que le jazz, le jazz étant à son tour plus « légitime » que le rock, le rock que le rap…

L'analyse de Pierre Bourdieu a le mérite de montrer que les affaires de « goût » sont éminemment des affaires de société puisque sous l'apparence du jugement personnel *(« J'aime le théâtre classique et je déteste le vaudeville »)* se dissimule un jugement social, c'est-à-dire l'imposition d'un **arbitraire culturel** qui fait d'une culture particulière (celle des catégories dominantes) une norme sociale d'excellence. Les normes culturelles véhiculées par l'école, sous l'apparence de la neutralité (écrire correctement, être discipliné…), de par leur proximité à la culture légitime, ont pour effet d'imposer une **domination culturelle** à l'égard des catégories populaires qui, tout en étant majoritairement exclues du système scolaire prennent dans l'enceinte scolaire, en partie, la mesure de la distance qui les séparent du goût légitime.

• Le sociologue britannique Richard Hoggart dans son ouvrage *La Culture du pauvre* (1957), a néanmoins montré, à travers l'exemple du monde ouvrier anglais, que la consommation culturelle des classes populaires obéissait à des logiques propres qui ne se réduisaient pas nécessairement à la distance qui les séparait des goûts légitimes.

> « Si la plupart des membres des classes populaires ne sont pas réduits à l'état de consommateurs passifs de la culture de masse, c'est tout simplement parce qu'ils sont "absents", parce qu'ils vivent dans un autre univers où ils peuvent rester fidèles à leurs certitudes concrètes, à leurs habitudes et à leur rituel quotidien ainsi qu'à leur langage coutumier fait de locutions proverbiales et de dictons traditionnels. »

Les milieux populaires manifestent ainsi, selon l'expression d'Hoggart, une **attention oblique** (c'est-à-dire un regard souvent amusé mais aussi distancié et ironique) envers la presse à sensation et les romans à gros tirage qui leur sont prioritairement destinés. Ils font ainsi preuve de discernement dans leurs pratiques quotidiennes en n'ignorant pas grand-chose des « ficelles » employées pour capter leur intérêt, parfois d'ailleurs davantage que...certains sociologues qui présentent les classes populaires comme d'éternelles victimes d'un « conditionnement ».

> « Tout en prenant plaisir à la lecture de ces publications, les gens du peuple n'y perdent ni leur identité, ni leurs habitudes ; ils gardent derrière la tête l'idée que tout cela n'est pas "réel" et que la "vraie vie" se passe ailleurs. »

Hoggart, en se livrant à une étude ethnographique des catégories populaires, observe la manière dont l'**éthos** [1] populaire s'organise. L'opposition centrale qui structure leur vision du monde est ce que Hoggart appelle la séparation tranchée entre deux univers et deux catégories irréductibles : **«eux» et «nous»**. Dans l'univers populaire, l'entre-soi possède une valeur inestimable : il permet de se « laisser aller » et de célébrer les valeurs communes (la virilité, la camaraderie...) et d'échapper au poids de l'autorité représenté par les valeurs dominantes. Les conclusions de Hoggart

1. L'éthos est une notion utilisée par Max Weber, puis par Pierre Bourdieu qui désigne l'ensemble des principes moraux implicites propres à une catégorie sociale et qui régissent leurs conduites quotidiennes.

montrent qu'il faut se garder d'envisager la culture populaire uniquement sous le registre de la domination qui lui est imposée puisqu'« une culture, si dominée, si écrasée soit-elle, fonctionne encore comme une culture » [1].

• Claude Grignon et Jean-Claude Passeron dans leur ouvrage, *Le Savant et le Populaire* (1989), ont particulièrement incité à la vigilance le sociologue enquêtant sur les milieux populaires puisque la distance culturelle existante (et qu'il s'agit justement d'analyser) entre le sociologue et l'univers qu'il étudie fait courir à son investigation un certain nombre de dangers. Deux « figures » en apparence contraires et couramment employées en littérature s'imposent souvent dans la description des milieux populaires : le **populisme** consiste à célébrer la culture populaire pour son « authenticité » (le vélo, le camping…)… et revient à ignorer les rapports que celle-ci entretient avec la culture légitime (notamment les effets de domination culturelle) ; le **misérabilisme**, à l'inverse consiste à envisager la culture populaire à partir de la culture légitime, ce qui a pour effet d'en souligner tous les « manques ». Ces deux visions, qui se retrouvent parfois sous une même plume, ont en commun de méconnaître en quoi et jusqu'à quel point la culture populaire est singulière. Aborder la culture des « autres », quels qu'ils soient, nécessite donc bien des précautions, si l'on veut comprendre réellement ce qui les fait agir dans l'univers qui leur est familier.

1. Claude Grignon, « Un savant et le populaire », *Politix,* n° 13, 1991.

2

La socialisation

APPRENDRE À VIVRE EN SOCIÉTÉ

I. Le processus de socialisation

1. La socialisation peut se définir comme le processus par lequel les individus intériorisent les normes et les valeurs de la société dans laquelle ils évoluent

La socialisation procède donc d'un apprentissage : l'individu, de par les multiples interactions qui le relient aux autres, apprend progressivement à adopter un comportement conforme aux attentes d'autrui.

► **Deux phases importantes sont généralement distinguées dans le processus de socialisation :** la **socialisation primaire** qui commence dès la naissance et se prolonge durant l'enfance, et la **socialisation secondaire** qui se déroule ensuite, tout au long du parcours social de l'individu. La socialisation primaire est la plus déterminante puisqu'elle fournit à l'enfant ses premiers repères sociaux qui le marqueront durant toute son existence et agiront ensuite comme un « filtre » : les expériences vécues ultérieurement sont appréhendées, en effet, en référence aux premières qui ont contribué à structurer durablement les manières de penser et d'agir de l'individu.

« La socialisation primaire accomplit ainsi (après coup, bien sûr) ce qu'on peut considérer comme le plus important tour que la société joue à l'individu – faire apparaître comme nécessaire ce qui n'est en fait qu'un paquet de contingences – et ainsi rendre signifiant l'accident de sa naissance[1]. »

► **La société tout entière se manifeste ainsi dans la transmission des règles sociales puisque, ainsi que Durkheim l'a fortement souligné, la cohésion sociale est en jeu au cours du processus de socialisation**. L'ordre social se trouve, en effet, remis en question lorsque la transmission des valeurs n'est plus assurée d'une génération à l'autre. Les anthropologues ont mis en lumière l'enjeu que représentait la transmission des normes sociales dans les sociétés sans écriture. Ces sociétés s'avèrent plus « fragiles » que les sociétés modernes qui disposent d'un ensemble de dispositifs susceptibles de maintenir l'ordre social (des lois écrites au personnel chargé du maintien de l'ordre...). Un certain nombre d'actes solennels, d'une grande valeur symbolique consacrent et rappellent tout à la fois les principes essentiels de la société. Les **rites de passage** qui traduisent un changement d'identité sociale pour l'individu (le passage de l'état d'enfant à celui d'adulte est particulièrement décisif chez les hommes) font l'objet d'un ensemble de cérémonies d'une importance capitale pour le groupe : il s'agit, à cette occasion, d'assurer la perpétuation de la société. L'anthropologue français Pierre Clastres (1934-1977) a rendu compte des rituels d'une tribu amérindienne (les Guayaki) et a souligné qu'ils s'accompagnaient généralement de tortures pouvant se prolonger jusqu'à la perte de connaissance de l'adolescent, désormais intégré dans le monde des adultes. La raison de ces sévices se justifie par l'ensemble des devoirs auxquels le jeune adulte doit se soumettre afin d'intérioriser les obligations sociales qui pèsent désormais sur lui.

> « Voilà donc le secret que dans l'initiation le groupe révèle aux jeunes gens : "Vous êtes des nôtres. Chacun de vous est semblable à nous, chacun de vous est semblable aux autres. Vous portez même nom et n'en changerez pas. Chacun de vous occupe parmi nous même espace et même lieu : vous les conserverez. Aucun de vous n'est moins que nous, aucun de vous n'est plus que nous. Et vous ne pourrez pas l'oublier. Sans cesse, les mêmes marques que nous avons laissées sur votre corps vous le rappelleront". »[2]

1. P. Berger, T. Luckmann, *La Construction sociale de la réalité* (1966), Paris, Méridiens Klincksieck, 1986.
2. P. Clastres, *La Société contre l'État,* Paris, Minuit, 1974.

Ces pratiques, qui ont perdu beaucoup de leur utilité sociale avec la complexification croissante des sociétés humaines résultant du processus de division du travail (ce que consacre l'apparition d'instances spécialisées, telles que l'école, chargées de transmettre les règles de la vie sociale), subsistent parfois dans certains espaces sociaux désireux d'instaurer une cohésion forte entre membres d'un groupe. La cérémonie du bizutage instituée dans les classes préparatoires aux grandes écoles revient, par exemple, à rappeler aux « nouveaux », l'existence d'une hiérarchie (entre élèves et professeurs mais également entre élèves en fonction de leur ancienneté dans l'institution) et à l'inscrire parfois également « dans leurs corps » tout en instaurant une solidarité entre membres d'une classe d'âge, chargés à leur tour de transmettre « l'esprit de corps », c'est-à-dire les principes qui gouvernent l'institution.

• Tout processus de socialisation s'accompagne de sanctions destinées à évaluer les comportements en fonction des objectifs préalablement fixés. On distingue ainsi les **sanctions négatives** (du regard désapprobateur à la punition infligée à celui qui a désobéi), **des sanctions positives** (du sourire encourageant à la récompense) qui servent à fixer les limites de « ce que l'on peut faire ». Dans ces conditions, un enfant qui aurait vécu durablement en dehors de toute société humaine ignorerait l'essentiel des règles de la vie sociale et devrait, pour pouvoir évoluer « normalement » parmi les hommes être, à son tour, socialisé : un exemple célèbre est fourni par Victor, un enfant abandonné au XIXe siècle dès son plus jeune âge dans une forêt de l'Aveyron et qui, recueilli ensuite par un médecin, doit progressivement apprendre tous les gestes élémentaires de la vie en société, et notamment le langage afin de pouvoir entrer en contact avec autrui [1].

► L'inculcation des règles sociales ne se réalise donc jamais « naturellement » mais nécessite l'intervention de diverses instances sociales qui concourent à la « réussite » du processus. La cellule familiale est dans la plupart des cas le premier agent de socialisation : l'enfant se forge progressivement sa propre identité en référence à son modèle familial, particulièrement vis-à-vis

1. Le film de François Truffaut, *L'Enfant sauvage* (1970), conte cette histoire d'après le texte Victor de l'Aveyron de Jean Itard.

de son père et sa mère. Dans la société moderne, l'éducation n'est plus monopolisée par la sphère familiale mais partagée avec l'**école**. Cette instance occupe aujourd'hui une place déterminante puisque l'enfant est scolarisé de plus en plus tôt (entrée en maternelle vers l'âge de 3 ans et passage antérieur éventuel par la crèche) et plus longtemps avec l'allongement de la durée des études. Autre agent de socialisation, lié à l'« allongement de la jeunesse » (c'est-à-dire au fait que l'entrée dans la vie active et la formation du couple interviennent plus tardivement aujourd'hui) : **le groupe de pairs**. La prolongation de l'expérience scolaire (phénomène plus marqué pour les catégories supérieures qui tend progressivement à se généraliser à l'ensemble des milieux sociaux) accroît sensiblement le temps passé entre enfants et surtout entre adolescents, alors que le contrôle direct exercé par les adultes tend à s'affaiblir (essor du travail féminin mais surtout plus grande autonomie accordée aux adolescents dans la famille). Tout un ensemble de pratiques sociales (parmi lesquelles le sport, l'écoute de la musique, les loisirs...) contribuent à relier les adolescents entre eux. La socialisation s'effectue alors principalement par l'appartenance à une classe d'âge qui induit souvent un certain nombre de comportements et de « goûts » communs. Il faut mentionner, enfin, et sans souci d'exhaustivité, que le rôle des **médias** dans le processus de socialisation (dont l'impact ne se limite d'ailleurs pas à la socialisation primaire) tend à augmenter sensiblement avec, notamment, la place de la télévision dans le foyer – mais également désormais des nouvelles technologies, comme Internet – et l'influence qu'elle peut exercer à travers les normes sociales qu'elle véhicule (comme les effets perceptibles sur la mode vestimentaire et l'écoute de la musique des adolescents, par exemple).

2. Le processus de socialisation ne se déroule pas toujours sans heurts

► **Lorsqu'un individu se trouve exposé à des règles contradictoires par les différentes instances de socialisation, son identité est remise en question.** L'un des cas classiques de conflit identitaire lié à l'antagonisme de deux instances de socialisation est illustré par les contradictions possibles entre les attentes de l'école et celles de la famille, particulièrement accusées en milieu populaire. Richard Hoggart a mis en lumière dans son ouvrage, *La Culture du pauvre* (1957), les exigences contraires auxquelles le boursier d'origine populaire doit satisfaire et l'obligation qui lui est faite – en étant partagé entre deux univers sociaux – de remanier en permanence son identité sociale.

> « Le boursier appartient en effet à deux mondes qui n'ont presque rien en commun, celui de l'école et celui du foyer. Une fois au lycée, il apprend vite à utiliser deux accents, peut-être même à se composer deux personnages et à obéir alternativement à deux codes culturels. Il suffit de penser à ses lectures : il voit chez lui des magazines – qu'il lit d'ailleurs attentivement dont on ne parle jamais à l'école ; à l'école on lui fait étudier des livres dont il n'entend jamais parler chez lui. Quand il rapporte ses livres de classe à la maison, ceux-ci semblent déplacés à côté des livres de la maisonnée, sur l'étagère familiale où ils font à tous l'effet d'outils inconnus et incongrus. »

Hoggart met en évidence le fait que le boursier sera tiraillé la majeure partie de son existence entre deux univers incompatibles et que la résolution de ce conflit identitaire ne comporte guère de solution : si sa trajectoire sociale le détourne de son milieu d'origine (la proximité établie, par l'univers scolaire, avec le monde des « lettrés » induit une position sociale plus élevée que celle d'origine), sa socialisation primaire, qui a façonné durablement bon nombre de ses « goûts », se rappelle fréquemment à lui.

La socialisation est donc un processus qui imprègne durablement l'individu puisque sa manière de percevoir le monde social en dépend ; il ne s'agit pas d'un phénomène univoque puisqu'il demeure sensiblement différent d'un milieu social à un autre.

II. *La socialisation en théories*

La socialisation est un processus central dans la vie sociale et à ce titre fait l'objet d'un vif questionnement chez les sociologues. De quelle manière la société (ou plus exactement certaines institutions, certains agents sociaux) parviennent-ils à « marquer » durablement les individus ?

1. Une première explication est fournie par l'école culturaliste et particulièrement Ralph Linton ainsi que par le courant fonctionnaliste par Robert K. Merton

Ces auteurs insistent sur la manière dont la société assigne à l'individu une position particulière (le **statut** social) qui induit un ensemble de **rôles** sociaux correspondants. Il existe donc une relation directe entre le rôle et le statut, ce qui signifie que le statut occupé par un individu détermine l'étendue de ses rôles sociaux ainsi que la manière précise dont il doit s'en acquitter : celui-ci est amené à agir en fonction des attentes d'autrui qui définissent les diverses catégories de rôle social. Un père de famille est ainsi « tenu » par un ensemble de règles sociales préexistantes qui définissent strictement la façon d'exécuter « correctement » ce rôle : être considéré comme un « bon époux » ou un « bon père » signifie adopter une conduite irréprochable (donner l'exemple, faire preuve d'autorité, subvenir aux besoins de sa famille…).

► **Un même rôle social peut susciter des attentes diverses qui en rendent la conduite particulièrement délicate :** un avocat doit, par exemple, satisfaire, tout à la fois, ses clients, ses associés, ses confrères… Un individu exerce, en outre, une pluralité de rôles sociaux plus ou moins compatibles entre eux, liés à l'ensemble des statuts qu'il possède : une même personne peut être, tout à la fois, père de famille, cadre de banque, musicien amateur, conseiller municipal… Certaines positions peuvent se révéler contradictoires et engendrer un conflit de rôles : un avocat, détenant un mandat électif peut avoir à défendre un de ses adversaires politiques…

• L'analyse en termes de rôles et de statuts confère toutefois une grande homogénéité au rôle social (n'y a-t-il pas différentes manières d'exécuter son rôle de père de famille ?) et établit une relation quasi automatique entre un ensemble de rôles et un statut social. Autrement dit, selon cette approche, l'individu en est réduit à se comporter comme un exécutant passif de rôles, définis au préalable par d'autres, qu'il se doit pourtant d'endosser pour « tenir correctement » la place qui lui a été dévolue dans la société.

• Cette théorie a fait l'objet de nombreuses critiques qui ont épinglé cette vision infiniment réductrice de concevoir la manière dont les individus exercent en pratique les rôles qui s'imposent à eux.

2. Pour les interactionnistes et particulièrement pour le sociologue et philosophe américain George Herbert Mead (1863-1931), un rôle social n'est pas réductible à une position occupée dans la hiérarchie sociale

► **Tout rôle social est le produit d'une interaction sociale** : l'identité de l'individu résulte, comme l'énonce Mead, dans son ouvrage, *L'Esprit, le Soi et la Société* (1934), d'une relation avec autrui. L'individu se socialise à travers une **prise de rôle**, c'est-à-dire par le mécanisme qui consiste à adopter le point de vue d'autrui tout en tenant compte de l'effet que l'on produit sur lui : il en est ainsi, par exemple, de l'enfant qui commence à modeler son personnage en imitant les attitudes de ses parents, érigés en **autrui significatif**. Progressivement l'enfant intériorise les règles du jeu social et l'« autrui » avec lequel il entre en interaction devient ce que Mead appelle l'**autrui généralisé,** c'est-à-dire une abstraction et non plus seulement un être auquel il est personnellement lié.

> « Par exemple, dans l'intériorisation des normes, il existe une progression qui va de "maman est fâchée contre moi maintenant" à "maman est fâchée contre moi chaque fois que je renverse ma soupe" (...) L'étape décisive apparaît quand l'enfant reconnaît que tout le monde est contre sa maladresse, et la norme est généralisée de la façon suivante : on ne renverse pas sa soupe [1]. »

L'individu construit progressivement par le processus de socialisation sa propre identité, ce que Mead appelle le **soi.** Il s'agit donc bien d'un processus de **construction sociale de la réalité** puisque celle-ci n'est pas primitivement « donnée » à l'individu mais elle finit par lui apparaître comme une réalité objective lorsqu'il a intériorisé tout un ensemble de règles sociales. La société est alors appréhendée à partir d'un schéma général et impersonnel qui permet de conserver des repères dans ses relations avec autrui, c'est ce que Peter Berger et Thomas Luckmann nomment la **typification** : en identifiant telle ou telle personne comme voisin de palier, boulanger ou ami intime, l'individu sait comment se

1. P. Berger, T. Luckmann, *La Construction sociale de la réalité* (1966), Paris, Méridiens Klincksieck, 1986.

comporter dans la vie quotidienne pour que l'interaction se déroule « normalement ». Ces typifications ordonnent les représentations de la réalité élaborées par l'individu : il prend ainsi appui sur elles pour déterminer sa conduite. Elles peuvent, dans certains cas, recouvrir des abstractions telles que « les Droits de l'Homme » ou « l'avenir de la planète » qui, évidemment, n'entrent jamais en relation directe avec l'individu mais n'en constituent pas moins des significations importantes à ses yeux et à ce titre participent de sa réalité quotidienne.

► **Le rôle social ne s'impose donc pas de l'« extérieur » à l'individu mais résulte d'une appropriation progressive au cours de laquelle celui-ci conserve une part active**. Erving Goffman a mis en évidence ce phénomène en proposant une analyse dramaturgique de la vie sociale. Pour cet auteur, la vie sociale s'apparente, d'une certaine manière, à une scène de théâtre où les divers individus sont des acteurs qui tiennent des rôles et se livrent à des représentations face à un public. L'intérêt majeur de cette analogie est d'attirer l'attention sur la manière dont deux individus, au cours des situations concrètes dans lesquelles ils se trouvent confrontés (ce que Goffman appelle des **interactions face à face**), ajustent mutuellement leurs comportements en fonction de leurs attentes réciproques. Les individus ne se bornent donc pas à appliquer mécaniquement un rôle mais ils le « jouent » (sous un double sens, théâtral et stratégique) et le redéfinissent dans chaque contexte d'interaction. Les individus peuvent dans certaines situations prendre une certaine **distance à l'égard d'un rôle** qui ne fait jamais disparaître totalement leur marge de manœuvre.

• En étudiant, dans son ouvrage *Asiles* (1961), la manière dont la vie sociale s'organise au sein d'un hôpital psychiatrique, Goffman remarque que les malades mettent en œuvre un ensemble de stratégies destinées à s'approprier leur nouveau cadre de vie. Il se rend compte, en observant au quotidien le comportement des malades, que ceux-ci loin d'appliquer mécaniquement les directives des membres de l'institution, élaborent progressivement leurs rôles sociaux. Goffman distingue ainsi deux manières d'agir dans l'hôpital psychiatrique : l'**adaptation primaire** qui consiste à accepter les exigences des membres de l'institution (accepter le traitement prescrit par les médecins, respecter le règlement...), donc à « jouer le jeu », ce qui a pour conséquence un certain nombre de rétributions (être « bien vu » par les membres de l'institution donne droit à un ensemble de privilèges) et l'**adaptation secondaire qui** revient à « utiliser des moyens défendus, ou parvenir à des fins illicites (ou les deux à la fois) et tourner ainsi les prétentions de l'institution relatives à ce qu'il devrait faire ou recevoir, et partant, à ce qu'il devrait être ». En recourant à une adaptation secondaire, le « reclus » s'écarte du rôle assigné par l'institution qu'il « exploite » à son profit. Goffman raconte ainsi que les spectacles de charité auxquels les malades sont tenus d'assister afin de manifester leur intégration dans l'institution (adaptation primaire) représentent en fait une corvée pour la majorité d'entre eux. Ils n'arrivent alors que quelques minutes avant la fin du spectacle afin de ne pas rater la distribution de friandises et de cigarettes qui clôt invariablement ce genre de cérémonie (adaptation secondaire).

• Goffman fournit une multitude d'exemples qui témoignent de l'existence d'une vie clandestine au sein de l'institution totale : du territoire réservé que constitue le foyer où la surveillance exercée est sensiblement allégée jusqu'aux échanges de biens et de services (cigarettes, cadeaux…) instaurés entre malades mais parfois également entre malades et membres du personnel. Les membres de l'institution tolèrent cette vie clandestine parce qu'un contrôle de tous les instants s'avère, en pratique, irréalisable mais aussi inutile car les adaptations secondaires ne menacent pas le fondement même de l'institution.

• Goffman a ainsi démontré que dans un contexte où la marge d'action de l'individu est réduite à son minimum (les institutions totales ont pour projet une prise en charge totale de l'individu dont la personnalité doit être remodelée en fonction des exigences de l'institution), celui-ci reste un « acteur » qui évolue certes, dans un cadre fortement contraignant, mais n'est pas pour autant démuni de toute ressource pour défendre son identité sociale.

3. La société une fois devenue réalité s'impose, à la manière d'une évidence, à un individu qui agit dans la société et qui par ses actions, contribue à sa perpétuation

Pierre Bourdieu a particulièrement insisté sur ce double aspect de la réalité sociale, objectivée (lorsqu'elle se manifeste comme une « chose », extérieure à l'individu) et intériorisée (lorsqu'il se l'approprie). Cet auteur a ainsi formulé un concept pour rendre compte de cette double dimension : l'habitus. Cette notion ancienne, déjà utilisée par les philosophes grecs, désigne chez Bourdieu le double mouvement par lequel la réalité sociale s'impose dans les esprits et dans les corps (intériorisation de l'extériorité) ainsi que ses modes de construction par le biais des diverses pratiques sociales (extériorisation de l'intériorité).

► **L'habitus peut ainsi être défini comme un système « de dispositions durables et transposables, structures structurées prédisposées à fonctionner comme structures structurantes,** c'est-à-dire en tant que principes générateurs et organisateurs de pratiques et de représentations qui peuvent être objectivement adaptées à un but sans supposer la visée consciente des fins et la maîtrise expresse des opérations nécessaires pour les atteindre »[1]. Si l'on préfère une autre définition plus simple de l'habitus, Bourdieu emploie également la formule d'« orchestration sans chef d'orchestre ». L'intérêt de ce concept consiste, en fait, à dépasser les oppositions classiques du type : poids des structures/liberté de l'acteur. Bourdieu montre, en effet, à travers la notion d'habitus, que l'individu, en fonction de la position qu'il occupe dans l'espace social, intériorise une certaine vision de la société qui s'impose à lui durablement : c'est ce qu'il appelle un **système de dispositions**. Ces dispositions génèrent, à leur tour, un certain nombre de pratiques sociales ajustées les unes aux autres (du choix du conjoint, à l'activité professionnelle, en passant par les opinions politiques...) qui acquièrent progressivement, pour l'individu, la force de l'évidence. Autrement dit, l'individu une fois socialisé (c'est-à-dire lorsque son habitus est constitué), n'applique pas plus mécaniquement son rôle (puisque les rôles sociaux divergent sensiblement en fonction de l'habitus de celui qui les exécute), qu'il ne cherche à être « rationnel » (puisque les stratégies qu'il met en œuvre sont étroitement dépendantes de son habitus : il existe donc autant de définition de l'intérêt, par exemple, que d'habitus constitués).

• L'habitus n'est donc pas réductible à un simple programme (pensons, par exemple, au programme informatique) puisque, si

1. P. Bourdieu, *Le Sens pratique,* Paris, Minuit, 1980.

l'individu est en quelque sorte programmé par son habitus, ce dernier subit des transformations tout au long de la trajectoire sociale de la personne. Un décalage peut, par exemple, se produire (c'est ce que Bourdieu appelle **l'effet d'hystérésis**), entre la structure sociale et la structure mentale, lorsque, par exemple, la première évolue plus rapidement que la seconde et que les dispositions intériorisées par l'individu reflètent un état antérieur de la société. Pensons simplement à l'expression suivante : « c'était bien mieux avant ! », fréquemment prononcé par une personne d'un certain âge, et qui, réinterprétée d'un point de vue sociologique, signifie tout simplement que les dispositions intériorisées étaient alors ajustées à un certain état de la structure sociale (celui qui prévalait dans sa jeunesse, c'est-à-dire au moment où l'habitus s'est constitué). Celle-ci s'est davantage transformée que les structures mentales de la personne qui manifeste son trouble face à un « jeu » dont elle ne maîtrise plus les « règles ». En effet, une fois les premières expériences intériorisées, l'habitus n'évolue plus que lentement et partiellement, c'est ce qui tend à conférer une certaine « unité » ainsi qu'une certaine « cohérence » aux jugements sociaux et aux pratiques des individus en société.

3

Contrôle social, normes et déviance

RESPECTER OU ENFREINDRE LA RÈGLE ?

I. Le contrôle social

1. Le contrôle social peut être défini comme l'ensemble des dispositifs employés dans une société pour assurer la cohésion sociale et assurer le respect des règles édictées

La plupart des normes sociales, c'est-à-dire des règles de conduite définies dans une société donnée et dont la violation entraîne une sanction, sont transmises au cours du processus de socialisation.

► **Le contrôle social s'exerce à différents niveaux** dans la société (de la mère qui surveille son enfant aux vérifications d'identité pratiquées par les forces de police), de façon diffuse (le regard désapprobateur d'un inconnu) ou par une instance spécialisée (le jugement prononcé par un tribunal).

• Ces types de contrôle social extrêmement variés renvoient ainsi à l'existence de normes diverses. On peut ainsi distinguer les **normes sociales** des **normes juridiques**. Les premières suscitent la réaction du corps social tout entier (à l'image d'une tribu procédant à l'exclusion d'un de ses membres) ou plus généralement d'un groupe social envers ceux qui n'ont pas respecté une norme, alors que les secondes impliquent l'intervention d'institutions spécialisées chargées d'énoncer la règle de droit et de la faire appliquer. L'existence de normes juridiquement sanctionnées présuppose que se soit déroulé un processus de division du travail social, selon la formule de Durkheim, c'est-à-dire une différenciation progressive des activités sociales qui a pour conséquence l'apparition d'organes spécialisés chargés de définir des règles communes et de les faire respecter. Il n'existe donc de système judiciaire spécialisé (tribunaux divers, codes rassemblant les textes législatifs, service public de la justice…) que dans les sociétés qui reposent sur le modèle de la solidarité organique.

• Dans notre société, les normes juridiques et les normes sociales coexistent. Les normes juridiques sont, en fait, des normes sociales (elles sont reconnues par la société, adoptées en son nom…) qui font l'objet d'un traitement différencié : leur violation entraîne la réaction d'une instance spécialisée (la justice) chargée de prononcer des sanctions institutionnalisées (une condamnation) alors que les autres normes sociales, les plus nombreuses, suscitent des réactions diffuses positives (sourire, encouragement…) ou négatives (critique, humiliation…).

• Dans une étude portant sur les relations entre habitants d'un faubourg d'une ville industrielle anglaise, Norbert Elias[1] fournit une illustration d'une modalité de contrôle social, à travers l'exemple du commérage. Il remarque que la population résidente, majoritairement d'origine ouvrière, se divise en deux catégories clairement distinctes : alors que ces deux groupes sociaux sont proches à plus d'un titre (types d'emplois, lieux de travail, revenus…), ils s'opposent par leur mode de vie (pratiques de voisinage, rapports entre générations, relations communautaires…). La principale différence entre les deux communautés repose en fait sur l'ancienneté d'installation dans le faubourg : le groupe le plus ancien défend son unité, qu'il estime menacée, par l'arrivée d'« intrus » en faisant circuler des commérages à leur sujet. Il s'agit, pour le groupe « installé », par le biais de cette technique de contrôle social, de conserver sa suprématie sur le « nouveau » groupe afin que ce dernier prenne conscience de son infériorité sociale.

> « Des individus peuvent souvent désarmer ou en faire taire d'autres avec lesquels ils sont en désaccord, ou les combattre en leur lançant dans les gencives un terme collectif infamant ou une rumeur humiliante, pourvu qu'ils appartiennent eux-mêmes à un groupe qui revendique avec succès un statut supérieur à celui de ses adversaires. »

1. N. Elias, « Remarques sur le commérage », *Actes de la recherche en sciences sociales,* n° 60, 1985 et N. Elias, J. L. Scotson, *Logiques de l'exclusion* (1965), Paris, Fayard, 1997.

Cette analyse montre bien que le contrôle social ne s'applique pas automatiquement, selon le modèle classique qui prévoit l'application directe de la sanction en cas de violation de la règle. En effet, le contrôle social n'est pas un simple « mécanisme ». Il ne doit être envisagé à partir des relations qui unissent les groupes sociaux : lorsque deux groupes se trouvent en concurrence, il peut ainsi être utilisé comme un moyen de disqualification de l'« adversaire ».

► **Le contrôle social et ses modalités sont donc étroitement dépendants du contexte social dans lequel ils s'insèrent.** C'est ce que tend à démontrer le philosophe et sociologue français Michel Foucault (1926-1984) en retraçant dans son ouvrage *Surveiller et punir* (1975), les conditions de naissance des institutions chargées d'inculquer la discipline (prisons, hôpital, armée, école...). Il souligne ainsi que la prison moderne a une histoire : synonyme d'adoucissement des peines, elle couronne un système pénal organisé autour de la privation de liberté qui s'est instauré dans la deuxième moitié du XVIIIe siècle et a succédé au système fondé sur le châtiment corporel qui prévalait sous l'Ancien Régime. L'humanisation de la peine représentée par l'emprisonnement correspond également, selon cet auteur, à une rationalisation des techniques de contrôle qui s'apparente à une vaste entreprise d'**orthopédie sociale**. Les technologies sociales s'adaptent, en effet, aux exigences du temps : ce que Foucault nomme le grand renfermement a pour finalité, dans une conjoncture de croissance démographique qui attise les peurs, de domestiquer une population potentiellement « dangereuse » composée de délinquants, de fous, de malades... La solution imaginée consiste alors à édifier des espaces clos permettant de rendre les individus à la fois « dociles » et « utiles » à la société.

2. Les normes sociales ne s'imposent pas d'elles-mêmes : elles nécessitent la mobilisation d'un certain nombre d'agents sociaux qui, en se saisissant de la norme, rappellent à la collectivité leur existence

► **Une norme sociale que plus personne n'invoque tombe irrémédiablement en désuétude** : pensons à l'évolution des manuels de savoir-vivre et aux sourires que provoque la lecture des normes de bienséance des siècles passés. L'ethnologue Bronislaw Malinowski (1884-1942), en étudiant la population des îles Trobriand, assiste au suicide d'un jeune homme, conséquence de l'hostilité générale du village à son égard après qu'il n'eut pas respecté l'une des règles sociales fondamentales de la communauté : l'exogamie (c'est-à-dire le fait de choisir son conjoint en dehors de son groupe de parenté, norme qui a pour corollaire l'existence d'une règle commune à l'ensemble des sociétés humaines : la prohibition de l'inceste). Malinowski remarque un fait surprenant :

> « L'opinion publique, quand elle eut connaissance du crime, ne se sentit nullement outragée et ne fit preuve d'aucune réaction directe : elle ne se mit en mouvement qu'à l'annonce publique du crime et à la suite des insultes que la partie intéressée lança contre le coupable. » [1]

Le jeune homme, coupable d'avoir violé les règles de l'exogamie avec sa cousine maternelle ne fait dans un premier temps, aucunement l'objet de récrimination. Sa mise à l'écart du groupe, qui correspond socialement à son arrêt de mort, ne se produit qu'à partir du moment où quelqu'un émerge et réclame l'application de la règle.

> « L'amoureux de la jeune fille, se sentant personnellement outragé du fait d'avoir été éconduit, alors qu'il espérait l'épouser, avait conçu l'idée de se venger. Il commença par menacer son rival d'user contre lui de magie noire, mais cette menace étant restée sans effet, il insulta un soir le coupable publiquement, en l'accusant devant toute la communauté d'inceste et en lui lançant certaines expressions que nul indigène ne peut tolérer. »

Cet exemple montre ainsi que même dans les sociétés traditionnelles (où selon Durkheim, l'intégration sociale est forte en raison de la similitude existante entre les différents membres de la société, ce qui constitue d'ailleurs le fondement de la solidarité mécanique), une norme sociale qui fait *a priori* l'unanimité requiert pour son application l'intervention d'individus ou de groupes qui, à divers titres, se sentent concernés par son application.

1. Cité par H. Becker, *Outsiders. Études de sociologie de la déviance* (1963), Paris, Métailié, 1985.

3. Les normes sociales, ainsi que le souligne les sociologues interactionnistes, résultent d'un processus de construction sociale

► **Les normes sociales ne sont pas « naturelles », elles possèdent une effectivité par l'action des individus qui, en s'en réclamant, les établissent.** En un certain sens, on peut estimer qu'elles sont « fabriquées ». Le sociologue américain Howard S. Becker, dans son ouvrage *Outsiders* (1963), a forgé le concept d'**entrepreneurs de morale** pour désigner les groupes sociaux qui se chargent d'universaliser leurs propres règles de conduite, c'est-à-dire qui tentent de les imposer à l'ensemble des membres de la société. La démarche interactionniste de la production des normes sociales est une analyse dynamique dans la mesure où elle envisage, non pas une application mécanique ou « juridiste » de la norme (du genre, celui qui enfreint la règle commune est condamné) mais l'ensemble des processus sociaux nécessaire à son établissement.

• Becker donne l'exemple de la législation de la marijuana adoptée en 1937 aux États-Unis et qui interdit l'usage de cette drogue. Il note qu'à la différence de la prohibition de l'alcool ou de l'opium, la marijuana ne fait pas l'objet d'une attention particulière des autorités dans les années qui précédent l'adoption de la loi. Comment expliquer alors cette brusque évolution législative ? L'auteur met en lumière l'action décisive d'une institution (le Bureau des Narcotiques du ministère des Finances) qui se livre à une véritable croisade morale en faveur de l'interdiction de la marijuana. Le Bureau se fait entrepreneur de morale en élaborant de nombreux rapports visant à sensibiliser l'administration fédérale et celle des divers États au « problème » que constituait la marijuana. Parallèlement, il mène une campagne très offensive envers l'opinion publique en alertant la presse et en lui fournissant de la « matière » pour nombre d'articles. Le thème de la marijuana finit par représenter une vraie « question de société » et fait l'objet d'un débat au Congrès (le Parlement des États-Unis) où les membres du Bureau interviennent en tant qu'experts. Les diverses professions utilisatrices de chanvre désormais interdit, qui auraient pu subir un préjudice de l'interdiction de marijuana (telles que l'industrie pharmaceutique, les fabricants d'huile et de graines d'oiseaux...), obtiennent satisfaction auprès du Congrès et peuvent poursuivre sans dommages leurs activités. L'un des seuls groupes susceptibles de se mobiliser contre l'adoption du texte est le groupe des fumeurs de marijuana. Mais ce groupe n'en est pas vraiment un puisqu'il n'a pas de réelle existence sociale : il ne s'agit pas, en effet, d'un groupe d'intérêt organisé mais simplement d'individualités éparses dont le comportement est, de plus, jugé socialement illégitime. L'interdiction de la marijuana fut ainsi adoptée sans aucune difficulté puisqu'aucun groupe mobilisé n'avait les moyens de s'opposer à l'entreprise morale du Bureau des narcotiques. Dans bien des cas, la production d'une nouvelle norme sociale suscite en réaction une véritable mobilisation (de l'interdiction de fumer dans les lieux publics à l'adoption de normes anti-pollution contraignantes…), ce qui rend le succès de la croisade morale beaucoup plus aléatoire [1].

• L'analyse d'Howard Becker, qui présente le grand intérêt d'être ainsi transposable à d'autres domaines de la vie sociale (pensons simplement à la présence des représentants professionnels de lobbies dans les couloirs parlementaires), met en évidence le fait suivant : l'adoption d'une norme est une opération bien plus complexe qu'on ne le croit généralement puisqu'il n'existe pas nécessairement d'accord préalable sur la définition des normes sociales (des intérêts sociaux antagonistes peuvent s'opposer sur la définition de la morale, du droit, de la légalité…). Autrement dit, l'application d'une norme reste subordonnée à un ensemble d'interactions sociales dont l'issue n'est jamais « donnée » à l'avance.

> « Partout où des normes sont créées et mises en vigueur, nous devrions nous attendre à trouver des gens qui s'efforcent de gagner le soutien et de coordonner l'action de certains groupes, tout en utilisant des moyens d'information disponibles pour influencer favorablement l'opinion. Quand ils ne se ménagent pas un tel soutien, nous pouvons nous attendre à voir leur entreprise échouer. »

La production des normes doit donc être envisagée parallèlement à l'apparition de la déviance, puisque ces deux phénomènes sont directement liés. L'imposition d'une norme a pour principal effet de produire de la déviance, à l'image des fumeurs de mari-

1. Pour l'analyse de la construction du « fléau » de l'alcool au volant : Joseph Gusfield, *La Culture des problèmes publics* (1981), Paris, Economica, 2009.

juana, constitués en « groupe déviant » du simple fait de l'adoption de la loi : les fumeurs passent ainsi, du jour au lendemain, de la légalité à l'illégalité sans avoir en rien modifié leurs pratiques.

II. La déviance

1. La déviance désigne l'ensemble des comportements qui s'écartent de la norme sociale et qui, à ce titre, font l'objet d'une sanction

De nombreux sociologues ont tenté d'analyser ce phénomène important puisqu'il touche au fondement même de l'organisation sociale.

► **Émile Durkheim, particulièrement intéressé par la question de la cohésion sociale et de ses défaillances, a entrepris une analyse de la déviance à travers l'exemple du crime.** Il définit le crime comme un acte qui offense certains sentiments collectifs doués d'une énergie et d'une force particulières et que la société sanctionne d'une peine spécifique. Durkheim analyse le crime en tant que fait social, comme il l'a fait pour le suicide (voir Ire partie, chap. 1). Il estime, à la différence de Gabriel Tarde, que le crime est un phénomène normal et non pathologique. Fidèle à sa méthode (traiter les faits sociaux comme des choses), Durkheim s'interroge sur les raisons de la permanence du crime et développe trois arguments à l'appui de sa thèse.

Le crime est un phénomène normal parce qu'il n'existe pas de société humaine sans crime : les sentiments collectifs que le crime blesse ne se retrouvent pas avec la même intensité chez les différents membres de la société, d'autant que le processus de division du travail social débouche sur un affaiblissement de la conscience collective.

Il ne saurait exister de définition générique du crime puisque celui-ci s'avère extrêmement variable d'une société à l'autre et selon les époques : un comportement (pensons à l'avortement) peut être qualifié de criminel à un moment et devenir ensuite légal. Certains individus en transgressant une norme ne font qu'« annoncer » la règle future : Durkheim prend l'exemple de Socrate, condamné à mort pour ne pas avoir respecté la tradition.

Le crime remplit, enfin, une fonction sociale importante : il est nécessaire car en punissant le criminel, il suscite une réaction sociale en ravivant la conscience collective (la société se ressoude autour de ses valeurs communes en condamnant un certain nombre d'agissements).

Durkheim met ainsi en évidence que le crime, loin d'être seulement l'affaire d'un individu et de ses « traumatismes psychiques », constitue un phénomène par lequel la société tout entière se manifeste.

► **Durkheim poursuit son étude en s'interrogeant plus précisément sur les particularités des comportements déviants au sein de la société industrielle.** Il établit un lien entre de nouvelles formes de déviance et le passage de la solidarité mécanique, caractéristique des sociétés traditionnelles à la solidarité organique qui prévaut dans les sociétés modernes. La division du travail social s'accompagne, pour Durkheim, d'une progression de l'individualisme puisque la conscience collective qui unissait les membres des sociétés traditionnelles laisse progressivement la place à la diversité des consciences individuelles. Le défaut de régulation sociale qui caractérise les sociétés en mutation (comme, par exemple, la société française de la fin du XIXe siècle) a pour principal effet d'en altérer sa cohésion, c'est ce que Durkheim met en évidence à travers le concept d'**anomie**. Absence de lois au sens étymologique, l'anomie signifie chez Durkheim l'affaiblissement de l'emprise des normes sociales sur les conduites individuelles. Il parle ainsi de suicide anomique (voir partie, chap. 1) pour caractériser la progression des suicides liés au dérèglement de la vie sociale : avec la disparition des régulations traditionnelles, les individus se trouvent dans une situation où leurs désirs ne sont plus limités par la société. Ils perdent alors leurs repères sociaux, d'où le développement de comportements témoignant de la désorganisation sociale tels que le suicide, le crime… Dans son ouvrage, *De la division du travail social* (1893), Durkheim souligne la relation existante entre l'anomie et le processus de division du travail qui conduit à la progression de l'individualisme. Le principal danger de la division du travail réside dans l'absence de relations et donc de solidarité entre les différents niveaux hiérarchiques d'une organisation (entreprise, administration...) alors que la vie professionnelle devient justement prépondérante dans les sociétés modernes : elle peut ainsi conduire à des multiples formes d'isolement social. C'est la raison pour laquelle Durkheim forge beaucoup d'espoirs dans le groupe professionnel (qui, selon lui, devrait regrouper ensemble ouvriers et employeurs) à partir duquel la vie économique devrait s'organiser afin d'assurer une fonction de régulation sociale en servant d'intermédiaire entre l'État et les individus.

► **Le sociologue fonctionnaliste américain Robert K. Merton utilise à son tour, dans son analyse de la déviance, la notion d'anomie forgée par Durkheim.** Merton prend comme point de départ, non pas l'individu, mais la structure sociale qui, selon lui, permet de rendre compte de la déviance. Il distingue ainsi les aspirations poursuivies par chaque membre de la société (les objectifs culturels tels que la réussite sociale, le prestige...) de l'ensemble des moyens légitimes qui permettent d'atteindre les objectifs préalablement fixés (les normes institutionnelles telles que l'honnêteté, le respect de la légalité...). Merton établit une typologie qui tend à démontrer qu'un écart peut exister entre les objectifs culturels définis par la société et les moyens que l'on peut mettre en œuvre pour les satisfaire. Il distingue cinq situations possibles.

Tableau 2
Typologie des modes d'adaptation individuelle

Modes d'adaptation		*Buts*	*Moyens*
I	Conformisme	+	+
II	Innovation	+	−
III	Ritualisme	−	+
IV	Évasion	−	−
V	Rébellion	±	±

In Robert Merton, *Éléments de théorie et de méthode sociologique*, Plon, 1965.

Les conformistes se reconnaissent à la fois dans les moyens légitimes et dans les objectifs définis. Ce sont les garants de l'ordre social et ils sont majoritaires dans la société.

Les innovateurs partagent les objectifs mais ne disposent pas des moyens légitimes pour les atteindre : ils peuvent être amenés à employer des moyens illégitimes (Merton donne l'exemple d'Al Capone).

Le cas inverse de l'innovateur est celui du ritualiste qui accorde la primauté aux moyens légitimes et abandonne tout objectif de « réussite » sociale : Merton parle alors de comportement routinier (tel le bureaucrate qui valorise le respect scrupuleux de la règle).

L'évasion caractérise le comportement de ceux (peu nombreux) qui ne se reconnaissent ni dans les objectifs, ni dans les moyens légitimes déterminés par la société : il s'agit pour Merton des clochards, des vagabonds…

Les rebelles, enfin, refusent à la fois les moyens et les objectifs de la société mais en proposent d'autres à leur place : les révolutionnaires s'inscrivent ainsi dans ce modèle.

La typologie de Merton a le mérite de souligner que la déviance est un comportement social puisque selon la position que l'on occupe dans la structure sociale, le recours aux moyens légitimes s'avère plus ou moins probable. Certains individus (ceux qui appartiennent aux couches les plus basses de la société) sont, dans ce schéma, conduits à adopter le comportement de l'innovateur, c'est-à-dire devenir délinquants. L'anomie prend alors un sens radicalement différent de celui de Durkheim : l'accent n'est plus mis sur l'absence de règles susceptibles de délimiter les objectifs légitimes pour l'individu mais davantage sur l'existence d'un désajustement entre les moyens possédés par l'individu et ses objectifs qui le pousse à recourir à des moyens illicites.

► **L'analyse de Merton a cependant été critiquée à différents niveaux.** Il lui a d'abord été reproché d'emprunter le terme d'anomie à Durkheim en opérant un glissement de sens qui conduit à méconnaître sa signification première.

Merton présuppose également que les buts culturels définis par la société sont suffisamment cohérents et transparents pour que chaque groupe social se détermine par rapport à eux : il tend ainsi à surestimer grandement l'homogénéité culturelle de la société américaine, puisqu'il construit son raisonnement à partir de ce cas (le désir d'ascension ou de réussite sociales est-il unanimement partagé dans la société et signifie-t-il la même chose pour tous ?). Il ignore ainsi les diverses sous-cultures qui coexistent inévitablement au sein d'une même société.

Merton est conduit, enfin, à faire de la déviance le produit d'un calcul implicite : l'individu qui devient déviant aurait compris qu'il valait mieux recourir à des moyens illégaux pour atteindre ses objectifs. La déviance résulterait ainsi d'une sorte de « choix » individuel mûrement réfléchi.

2. La déviance est le résultat d'un processus d'étiquetage qui met aux prises de multiples agents sociaux

► **Le sociologue français Jean-Claude Chamboredon a critiqué, dans une étude consacrée à la délinquance juvénile [1], les postulats de l'analyse de Merton**. Selon cet auteur, la déviance n'est pas le résultat d'un calcul individuel plus ou moins rationnel mais renvoie à un ensemble de mécanismes sociaux. En premier lieu, il n'existe pas de définition générique de la norme (et par conséquent de la déviance) puisque, selon le milieu social d'appartenance, la définition du licite et de l'illicite s'avère fluctuante : se « bagarrer » dans la rue peut être perçu comme un acte répréhensible dans les catégories supérieures alors qu'il s'agira d'une preuve d'honneur dans les milieux populaires, le courage physique s'opposant alors à la lâcheté. Autrement dit, ce qui est sanctionné socialement et juridiquement comme un comportement déviant peut représenter un comportement « normal » dans certains milieux sociaux, ceux qui sont évidemment les plus éloignés des normes légitimes. La délinquance juvénile étudiée par l'auteur est, d'après les statistiques, majoritairement le fait des milieux populaires et particulièrement des adolescents issus du monde ouvrier. Après avoir souligné les conditions sociales qui pouvaient expliquer ce phénomène (contrôle social nettement moins important dans les milieux populaires, surtout envers les garçons, que dans les autres milieux sociaux, taux d'échec scolaire sensiblement plus élevé...), Chamboredon démontre que la délinquance résulte d'un mécanisme de construction sociale : pour qu'il y ait un délinquant, il faut que des agents relevant

1. Jean-Claude Chamboredon, « La délinquance juvénile, essai de construction d'objet », *Revue française de sociologie, vol.* 12, n° 3, 1971.

de diverses institutions (policiers, travailleurs sociaux, assistantes sociales, magistrats…) qualifient un comportement d'illicite. Autrement dit, la déviance est le produit d'interactions sociales multiples qui mettent en relation le délinquant éventuel, ses proches (famille, amis…) et des représentants de l'autorité. L'auteur montre qu'en fonction du milieu social, la capacité à négocier avec les autorités diffère (plus ou moins grande maîtrise du langage, notamment juridique, attitude jugée plus ou moins respectable par les autorités…). Certains comportements seront ainsi définis comme déviants alors que d'autres, sans être fondamentalement différents, échapperont à un traitement judiciaire. C'est la raison pour laquelle les statistiques portant sur la délinquance doivent être lues non pas comme un recensement fidèle des actes commis, mais davantage comme un enregistrement du travail des organismes concernés : une progression statistique de la délinquance peut résulter effectivement de la croissance de comportements illégaux mais également d'une intensification du travail des forces de l'ordre (une politique de sécurité plus draconienne peut avoir pour effet, non désiré, d'accroître les chiffres de la délinquance, puisque la multiplication des contrôles renforce sa visibilité sociale et par conséquent le nombre de délinquants). La construction de la délinquance résulte, en partie, de l'action propre des diverses institutions qui en ont la charge : la qualification de délinquant ne s'impose, en fait, à un individu qu'après l'intervention de la police (qui fournit au juge les premiers renseignements sur la personne), puis de la justice et enfin des divers établissements de rééducation. Toute l'histoire du délinquant est réinterprétée, à chaque étape, par les institutions chargées d'en expliquer les mobiles : du comportement agressif, à la désunion familiale… tout fait « sens » rétrospectivement pour les experts (psychiatres, psychologues ou…sociologues).

> « Le passé du jeune délinquant se trouve reconstruit en fonction du délit observé par sélection de petits faits abstraits de leur contexte et transformés en indices révélateurs par stylisation et reconstruction. »

À l'issue du processus, le délinquant en vient à intérioriser « sa propre histoire » puisque la contestation de la définition de l'institution varie en fonction des ressources (culturelles, sociales, économiques…) possédées par l'individu et surtout par sa famille.

La déviance ne peut plus, dans cette perspective, être appréhendée seulement à partir des motivations individuelles (Pourquoi devient-on déviant ?) puisqu'elle résulte d'interactions sociales multiples dont l'issue n'est jamais certaine. Il est alors nécessaire de « troquer » cette interrogation contre une autre : **comment devient-on déviant ?**

► **Howard Becker, comme l'ensemble des sociologues interactionnistes, s'intéresse à la question de la construction de la déviance.** Selon cette perspective, la déviance procède d'un processus social, qu'il nomme **étiquetage** dans son ouvrage, *Outsiders* (1963).

> « La déviance n'est pas une qualité de l'acte commis par une personne, mais plutôt une conséquence de l'application, par les autres, de normes et de sanctions à un "transgresseur". Le déviant est celui auquel cette étiquette a été appliquée avec succès et le comportement déviant est celui auquel la collectivité attache cette étiquette. »

Un même acte peut, selon le contexte, être qualifié ou non de déviant, selon qu'il trouve ou pas, sur son chemin un entrepreneur de morale et lorsque c'est le cas, si l'individu ou le groupe potentiellement déviants ne parviennent pas à se mobiliser pour faire échec au processus d'étiquetage. Selon Becker, la déviance est un phénomène qui passe par différentes étapes successives, ce qu'il démontre, à travers l'exemple des fumeurs de marijuana. L'auteur utilise la notion de **carrière déviante** (par analogie avec la carrière professionnelle) afin de montrer que l'imposition de la qualité de déviant nécessite un apprentissage de normes alternatives, par lequel se reconstruit l'identité sociale du déviant. Le processus peut, évidemment, s'interrompre à chacune des étapes.

Un individu en vient à « goûter » à la marijuana : Becker précise que l'adoption de comportements réprouvés socialement est davantage le fait de personnes pour lesquelles le coût de transgression des normes légitimes s'avère peu élevé (jeunes, « marginaux »...).

Il doit ensuite réaliser un véritable apprentissage afin de maîtriser un savoir-faire spécifique : apprendre à fumer et apprécier les effets de la marijuana.

Le « fumeur » doit ensuite faire face à un ensemble de questions pratiques : comment se procurer de la marijuana alors que la vente en est interdite ? Comment dissimuler cette activité à ses proches ?

Il se trouve progressivement désigné par son entourage comme déviant, ce qui tend à lui renvoyer une image négative de lui-même et l'amène à espacer les contacts avec ses proches.

Au terme de sa « carrière », le fumeur se reconstruit une identité au sein du nouveau groupe social auquel il appartient désormais.

Cet exemple pourrait évidemment être appliqué à l'étude de divers groupes sociaux qui se regroupent à partir de leurs particularismes et qui sont progressivement amenés à s'isoler du reste de la société (homosexuels, minorités ethniques…).

La déviance est donc l'aboutissement d'un ensemble d'interactions sociales qui peuvent déboucher au terme du processus sur l'imposition d'une étiquette : cette dernière produit ses effets sur l'identité de la personne, conduite à se réapproprier la définition d'elle-même ainsi produite et à modifier son comportement en conséquence.

4

La stratification sociale

LA SOCIÉTÉ ET SES DIVISIONS

I. Les divers types de stratification

1. La stratification sociale désigne la manière dont chaque société instaure des différenciations fondées sur des positions sociales et la distribution inégale des ressources telles que la richesse, le pouvoir, le savoir, le prestige…

Les principes qui régissent la stratification peuvent varier sensiblement d'une société à une autre : les sociétés contemporaines sont généralement décrites à partir d'une division en classes sociales mais il ne s'agit là que d'un mode d'organisation parmi d'autres. En effet, d'autres logiques de structuration de la société existent comme, par exemple, le système des castes et la division de la société en ordres.

► **Le système des castes désigne l'organisation sociale de l'Inde** (il est cependant juridiquement aboli) **fondée sur une division économique, sociale et politique confortée par des principes de pureté religieuse**. L'appartenance à une caste est héréditaire (un enfant naît obligatoirement dans la caste de ses parents) et se trouve renforcée par l'application stricte du principe de l'endogamie (les mariages sont organisés à l'intérieur de sa caste). Les principales originalités de ce système en sont la permanence (environ deux mille ans) et la nette séparation des fonctions sociales.

Au sommet de la hiérarchie, on trouve les brahmanes (les prêtres) qui gèrent le sacré. Les ksatriyas (les guerriers et les producteurs) occupent le deuxième rang.

Les vaishyas (les commerçants et les travailleurs de la terre) précèdent les shudras (les serviteurs).

Les intouchables, enfin, exclus du système des castes, composent la dernière catégorie.

Un régime d'interdits tend à limiter les relations entre castes et à renforcer le sentiment communautaire puisque la pureté des castes supérieures s'oppose à l'impureté des castes inférieures : un intouchable, considéré comme impur ne peut, par exemple, prendre ses repas qu'en compagnie d'un autre intouchable puisqu'il ne peut toucher de la nourriture destinée à un membre d'une caste supérieure.

► **Le système d'ordre qui caractérisait la France de l'Ancien Régime repose sur d'autres logiques.** Trois ordres aux fonctions spécifiques coexistent : le clergé, la noblesse, le tiers état. Le clergé, chargé des affaires religieuses, détermine les principes d'organisation sociale alors que la noblesse (composée principalement de chevaliers) assure le maintien de l'ordre social. Ces deux ordres exercent leur prééminence sur le tiers état, qui apparaît comme une catégorie extrêmement diversifiée, réunissant le restant de la population (bourgeoisie, artisanat, monde agricole…). Les deux premiers ordres sont homogènes mais, à la différence du système des castes, non totalement clos. La règle de l'endogamie connaît, par exemple, des exceptions dans la noblesse et le passage d'un ordre à un autre n'est pas impossible même si, dans les faits, il demeure exceptionnel : l'anoblissement d'une partie de la bourgeoisie passe notamment par l'achat d'une charge (la noblesse de robe se différencie ainsi de la noblesse d'épée) ainsi que par le mariage. Cette organisation vole en éclats lors de la Révolution qui en supprimant les ordres ouvre la voie à une société structurée sur de nouveaux principes.

2. La division de la société en classes ou groupes sociaux résulte, à la fois, de la fin de la société d'ordres, mais également des transformations sociales intervenues à partir du XIXe siècle, au cours de la révolution industrielle

La société d'Ancien Régime dominée par l'ordre traditionnel (ce que traduit la présence centrale de la religion dans une société essentiellement rurale) laisse place à une nouvelle organisation sociale où les critères d'appartenance à un groupement paraissent plus flous que par le passé. Les mutations sociales se caractérisent, en effet, par une multiplication des fonctions sociales (qui résulte du processus de division du travail social mis en lumière par Durkheim) ainsi que par l'invocation de nouvelles logiques de classement (l'honneur qui prévalait dans la société d'ordres est désormais concurrencé par la richesse). L'analyse de la stratification sociale au sein de la société industrielle est entreprise, dès son apparition, par les premiers grands sociologues.

II. Les classes sociales et la sociologie

1. Le terme de classe sociale, s'il n'a pas été inventé par Karl Marx, est néanmoins fréquemment associé à ses écrits

Marx a, en effet, élaboré une célèbre théorie des classes sociales qui s'est imposée comme une référence incontournable puisque, qu'il s'agisse de l'actualiser, de la discuter ou de la récuser, la plupart des auteurs postérieurs à Marx oublient rarement d'y faire référence. Son analyse des classes sociales s'inscrit comme un élément de son œuvre philosophique, économique, politique mais aussi sociologique.

► **Pour Marx, les classes sociales ne sauraient se limiter à l'organisation de la société industrielle puisque, selon lui, toute l'histoire des sociétés humaines n'aurait été que l'histoire de la lutte des classes**. En effet, dans ce schéma, les classes sociales sont des groupements antagonistes qui s'opposent sur la détention des moyens de production. Le critère économique s'avère prépondérant puisque la division du travail s'accompagne d'une répartition inégalitaire des ressources et se trouve à l'origine de l'exploitation qu'exercent certaines classes sociales (celles qui détiennent les moyens de production) sur les autres : Marx évoque ainsi l'opposition entre patriciens et plébéiens dans l'Antiquité, entre serfs et propriétaires fonciers dans la société féodale et l'opposition majeure de la société industrielle, entre la bourgeoisie et le prolétariat. Cette lutte doit conduire, à terme, à la destruction finale des divisions sociales (c'est-à-dire à l'avènement de la société sans classes) puisque la dynamique capitaliste a pour effet d'accroître le nombre de prolétaires et doit déboucher, à terme, sur la révolution sociale. C'est d'ailleurs cet aspect prophétique de l'œuvre de Marx qui semble le plus contestable puisque l'ensemble des conflits qui surviennent au sein de la société industrielle sont censés s'inscrire dans un schéma écrit à l'avance et dont l'issue paraît certaine.

► **L'appartenance à une classe sociale est ainsi fondée sur un critère qui se veut objectif : la place occupée dans le processus de production.** Dans la société industrielle, la bourgeoisie possède les moyens de production, c'est-à-dire le capital qui prend la forme de terres, d'usines, de machines mais aussi de titres financiers… alors que le prolétariat, la classe la plus nombreuse, est contrainte de vendre sa force de travail en échange d'un salaire dont une part ne lui est pas rétribuée (c'est ce que Marx appelle la **plus-value** qui fonde l'exploitation du travailleur).

• La définition marxiste des classes sociales se veut réaliste puisqu'elle choisit comme point de départ les divisions effectives qui traversent la société. Les classes sociales sont ainsi assimilées à des groupes sociaux qui ont une existence « concrète ». Cette approche est néanmoins souvent critiquée pour son économicisme (c'est-à-dire la tendance qui consiste à expliquer les comportements sociaux à partir des seuls déterminants économiques) et son finalisme (l'Histoire aurait un sens et un seul, contenu en germe dans la lutte des classes), même si l'œuvre de Marx comporte souvent davantage de nuances que nombre d'écrits postérieurs issus de ce courant de pensée. S'il se réclame dans certains écrits théoriques, comme *Le Capital* (1867), d'une division binaire de la société (bourgeoisie/prolétariat), il est toutefois amené à l'amender dans d'autres textes consacrés à l'étude de situations concrètes. Dans *Le 18 brumaire de Louis Bonaparte* (1852), par exemple, Marx ne distingue pas moins de sept classes sociales dans la France du milieu du XIXe siècle : l'aristocratie financière, la grande propriété foncière, la bourgeoisie industrielle, la petite bourgeoisie, la classe ouvrière, le lumpenprolétariat ou sous-prolétariat, la paysannerie parcellaire. Marx en vient ainsi à évoquer des fractions de classe, c'est-à-dire qu'il admet qu'au sein d'une même classe sociale, des intérêts divergents puissent apparaître et provoquer des conflits d'intérêt : il souligne avec précision les divisions opposant, au sein de la classe dominante française du milieu du XIXe siècle, les industriels aux propriétaires fonciers (ces divisions se retrouvent, par exemple, dans leurs choix politiques respectifs).

► **Marx fait également référence, dans sa définition des classes sociales, à un critère subjectif : le sentiment d'appartenance à une classe sociale ou la conscience de classe.** Il ne suffit pas, en effet, d'occuper des positions similaires dans la structure sociale pour avoir conscience d'appartenir à une classe sociale. Les paysans parcellaires que Marx évoque dans *Le 18 Brumaire* ne forment pas une classe sociale alors que leur situation économique est tout à fait comparable.

> « Dans la mesure où des millions de familles paysannes vivent dans des conditions économiques qui les séparent les unes des autres et opposent leur genre de vie, leurs intérêts et leur culture à celle des autres classes de la société, elles constituent une classe. Mais elles ne constituent pas une classe dans la mesure où il n'existe entre les paysans parcellaires qu'un lien local et où la similitude de leurs intérêts ne crée entre eux aucune communauté, aucune liaison nationale ni aucune organisation politique. »

Les paysans parcellaires ne forment pas réellement une classe sociale dans la mesure où leur isolement spatial et donc social constitue un obstacle de taille à la formation d'une classe sociale.

> « Ainsi, la grande masse de la nation française est constituée par une simple addition de grandeurs de même nom, à peu près de la même façon qu'un sac rempli de pommes de terre forme un sac de pommes de terre. »

Marx considère que la classe sociale ne peut prendre conscience de ses intérêts que dans la lutte qui les oppose aux autres classes sociales. Marx distingue alors la classe en soi de la classe pour soi. Les paysans parcellaires forment ainsi une **classe en soi** (selon le critère économique, ils occupent la même place dans le processus de production) mais non une **classe pour soi** (l'absence d'organisation politique, de relations sociales effectives… nuisent à l'émergence d'intérêts communs).

L'intuition de Marx, selon laquelle les découpages en classes sociales opérés par le sociologue ne sauraient se réduire aux groupes sociaux réellement mobilisés, nuance quelque peu son déterminisme économique et renvoie à des interrogations contemporaines sur les modalités de constitution des groupes sociaux.

2. L'étude de la stratification sociale ne se limite pas à la théorie marxiste : Max Weber s'est également interrogé sur ses fondements

Il se démarque de la position de Marx, d'un point de vue méthodologique, en élaborant une analyse nominaliste [1] (et non pas réaliste) des classes sociales.

▶ **Weber n'analyse donc pas les classes comme des groupes « réels ».** Il définit ainsi la **situation de classe** comme la probabilité pour des individus de se trouver dans des situations similaires en ce qui concerne la possession de revenus, de biens et de services. Il distingue ensuite la classe de possession qui prend en considération le patrimoine possédé, de la classe de production qui s'apparente au critère défini par Marx, c'est-à-dire la place occupée dans le processus productif. Pour Max Weber, les classes sociales ne sont pas nécessairement déterminées par un antagonisme, et encore moins par des « lois de l'histoire ».

• Les classes sociales ne sont, dans cette perspective, qu'une modalité, parmi d'autres, de la stratification sociale. Celle-ci revêt, en effet, trois dimensions : à la **dimension économique**, s'ajoutent une **dimension statutaire** et une **dimension politique**. Le statut ou la considération sociale évoquent le prestige attaché à une fonction sociale et ne se réduit pas nécessairement à la dimension économique. La dimension politique revêt également une importance dans l'analyse de Weber : l'accès plus ou moins effectif au pouvoir politique, comme la possibilité de l'influencer diffèrent sensiblement socialement. L'analyse de la stratification repose donc sur des critères à la fois, économique, social et politique. Weber a mis en évidence l'irréductibilité de chacun des domaines : un individu (pensons à un leader syndical) peut occuper une position élevée dans l'ordre politique mais relativement basse dans les ordres économique et social même si des liens

1. L'approche nominaliste consiste pour le sociologue à élaborer un modèle permettant d'observer la réalité mais qui, à la différence de l'approche réaliste, ne se confond pas avec elle.

existent entre ces différentes sphères ; un dirigeant d'une grande entreprise bénéficie d'un accès facile au pouvoir politique et dispose d'un prestige social considérable. On emploie l'expression de **congruence du statut** lorsque les positions occupées dans les trois domaines sont proches et de non-congruence lorsqu'elles diffèrent fortement. L'analyse de Weber présente le grand intérêt de mettre en évidence la pluridimensionnalité de la stratification sociale et de souligner, en pratique, ses multiples agencements possibles.

3. La réflexion sur les classes sociales est prolongée dans la sociologie contemporaine, notamment en référence aux travaux de Marx et de Weber, par Pierre Bourdieu

Cet auteur s'attache à souligner les multiples dimensions présentes dans l'analyse des classes sociales, les oppositions existantes en leur sein et entre elles, ainsi que la dimension symbolique qui intervient dans le découpage des classes sociales.

Pierre Bourdieu parle ainsi d'espace social pour rendre compte à la fois de l'**aspect relationnel** de la position sociale que l'on occupe (une position dans l'espace social n'existe qu'en rapport aux autres positions) et de son **aspect dynamique** (des oppositions en termes de style de vie, de manières de penser, d'intérêts économiques caractérisent la structuration de la société dont l'ordre est perpétuellement « en jeu » entre les différentes classes).

• Bourdieu représente l'espace social sur un graphique retraçant à partir de deux axes l'éventail des positions sociales. Le premier élément qui détermine la position sur l'axe horizontal est la **structure de capital**, c'est-à-dire les ressources sociales possédées par un individu. Bourdieu distingue trois types de capitaux.

Le capital économique comprend à la fois les revenus et le patrimoine.

Le capital culturel se présente sous une triple forme : institutionnalisée (un diplôme) ; objectivée (du disque au tableau en passant par la bibliothèque) ; intériorisée (« l'amour de l'art » exige de savoir regarder un tableau, donc d'avoir acquis certaines catégories de jugement esthétiques).

Le capital social désigne l'espèce de capital qui complète les deux précédentes et leur assure un rendement plus important : il s'agit de l'étendue des relations sociales mobilisables qui renseignent sur la surface sociale que maîtrise un individu.

Le **volume de capital (axe vertical)** possédé varie en fonction de l'appartenance sociale : les professions libérales et les salariés agricoles occupent ainsi des positions extrêmes dans la distribution des capitaux. Un autre critère tout aussi important permet de différencier les milieux sociaux : la structure des capitaux possédés selon que le capital économique ou le capital culturel prédomine. En effet, certaines catégories sociales ne se différencient guère par le volume de capital et occupent, à ce titre, des positions proches dans l'espace social (les instituteurs et les petits commerçants, par exemple) alors qu'ils s'opposent par la structure des capitaux possédés (les instituteurs possèdent davantage de capital culturel que de capital économique alors que la distribution est inversée pour les petits commerçants).

► **Bourdieu rompt ainsi avec une représentation unidimensionnelle de l'espace social puisque la distribution inversée des capitaux induit des styles de vie différenciés :** l'investissement scolaire, la fréquentation des musées, s'accroît – non pas uniquement avec la position sociale – mais surtout en fonction de la possession du volume de capital culturel alors que l'achat de titres financiers, la pratique du golf ou du bridge progresse avec la détention du capital économique. Cette représentation de l'espace social met en lumière toute sa complexité. Les capitaux possédés n'ont pas de réelle existence en eux-mêmes, ils peuvent d'ailleurs faire l'objet de stratégies de reconversion : faire des études coûteuses dans le but d'acquérir un diplôme prestigieux revient, par exemple, à convertir du capital économique en du capital culturel. Ils ne prennent cependant leur signification qu'une fois mis en relation les uns par rapport aux autres : les catégories dominantes (professions libérales, professeurs du supérieur, patrons de l'industrie et du commerce…) sont ainsi reliées entre elles par de multiples liens (le capital social produit ici tous ses effets) mais peuvent néanmoins s'opposer par leurs pratiques sociales (opinions politiques, styles de vie…) en fonction de leurs habitus spécifiques. Il en est évidemment de même pour les catégories moyennes et populaires qui, par cette analyse, perdent une homogénéité factice (celle que traduit, par exemple, l'expression classes moyennes,

Espace des positions sociales et espace de style de vie

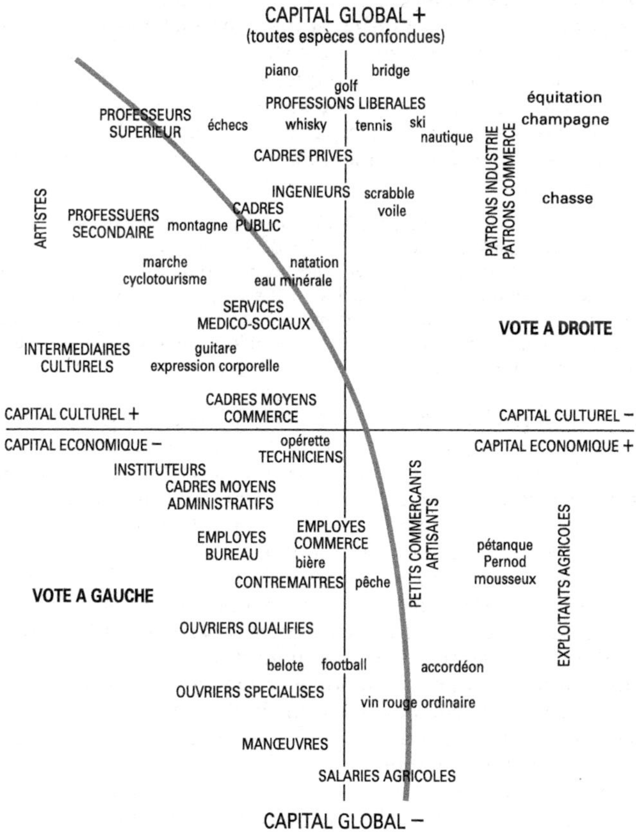

In P. Bourdieu, *Raisons pratiques,* Seuil, 1994.

le pluriel étant ici comme souvent source d'imprécision) alors que les principes de différenciation sont particulièrement soulignés.

► **Peut-on encore, lorsque l'on s'attache à mettre en exergue les principes qui structurent l'espace social, parler de classes sociales ?** L'analyse de Pierre Bourdieu vise justement à employer avec prudence de la notion (fort polémique) de classe sociale. Il s'agit, tout d'abord, de tenir compte de la différence existante entre les regroupements sociaux opérés par le sociologue et l'existence de groupes sociaux « réels », amenés à se mobiliser et donc à exister socialement.

> « La proximité dans l'espace social prédispose au rapprochement : les gens inscrits dans un secteur restreint de l'espace seront à la fois plus proches (par leurs propriétés et leurs dispositions, leurs goûts) et plus enclins à se rapprocher ; plus faciles aussi à rapprocher, à mobiliser. Mais cela ne signifie pas qu'ils constituent une classe au sens de Marx, c'est-à-dire un groupe mobilisé en vue d'objectifs communs et en particulier contre une autre classe. » [1]

Dire qu'une classe existe ou qu'elle n'existe pas n'est pas du ressort du sociologue, car il s'agit d'un enjeu pratique et non sociologique. Le découpage de la réalité en classes sociales n'est pas une opération « neutre » mais tout au contraire un enjeu de luttes entre classes ou groupes sociaux. La division de la société en catégories est une opération politique que le sociologue gagne à envisager comme objet d'étude : c'est, en effet, le travail de représentation exercé par les porte-parole (hommes politiques, syndicalistes…) qui tend à faire exister socialement le groupe et à produire son identité. Parler au nom des « classes populaires » ou des « forces vives de la Nation » revient par la magie de l'acte de représentation, entendu sous un double sens, politique (être investi pour parler au nom d'un collectif) et théâtral (par l'opération qui revient, en mettant en scène le groupe, à le faire exister), à homogénéiser un groupe composite ainsi qu'à imposer une « manière de voir » la société qui entre nécessairement en conflit avec d'autres : opposer le peuple aux élites ou évoquer une société composée essentiellement de classes moyennes sont, en fait, de façons différentes de se représenter le monde social mais aussi de

1. P. Bourdieu, *Raisons pratiques. Sur la théorie de l'action,* Paris, Seuil, 1994.

le produire, puisque les « découpages » exercent des effets bien réels sur les individus et les groupes sociaux (voir Ire partie, chap. 2). Cela revient alors à trancher implicitement une question politique *(les classes sociales existent-elles dans la société française ?)* qui se présente benoîtement sous les traits d'une question sociologique.

► **Que reste-t-il au sociologue, s'il ne cherche ni à dénombrer les classes sociales, ni à trancher l'épineuse question de leur existence ?** Il peut tenter de comprendre comment une classe ou une catégorie sociale se construit, grâce à quels mécanismes sociaux elle finit par revêtir suffisamment de cohérence et d'unité pour s'objectiver, c'est-à-dire par devenir une réalité qui s'impose aux yeux de tous. C'est la démarche choisie par Luc Boltanski qui, dans son ouvrage, *Les Cadres* (1982), s'interroge sur les conditions de formation d'un groupe social. Refusant de prendre parti dans le débat interminable et vain qui consisterait à dire qui est cadre et qui ne l'est pas (dans lequel d'ailleurs le sociologue outrepasserait ses droits), l'auteur, tout en constatant la profonde hétérogénéité de ce groupe social, retrace les diverses étapes qui ont produit la consistance du groupe au point qu'il apparaisse désormais comme une réalité « objective ». C'est, dans les années 1930, que les « cadres » font leur apparition dans un contexte politique et social agité (grèves de 1936, arrivée au pouvoir du Front populaire mais également éclosion de mouvements politiques visant à rassembler les « classes moyennes ») comme pouvant jouer un rôle d'intermédiaire entre le patronat et le monde ouvrier. On voit ici qu'un découpage du monde social n'est jamais neutre : en trois dimensions, la société semble diversifiée et stratifiée en couches successives (ouvriers, classes moyennes, classes dirigeantes) alors qu'en deux dimensions elle s'apparente à une opposition irréductible entre groupes homogènes (ouvriers/patrons). Le groupe des cadres gagne en consistance dans l'après-guerre du fait des transformations économiques et sociales telles que la tertiarisation, la croissance des professions libérales... Cependant, la construction de cette catégorie sociale ne saurait s'expliquer uniquement par des critères morphologiques. Le travail de représentation réalisé par l'instauration d'un syndicalisme de cadres produit des effets de « reconnaissance » notamment juridiques (des textes officiels attestent l'existence de cette nouvelle catégorie de salariés) et prend appui sur la multiplication des formations spécifiques destinées au personnel d'encadrement (développement des écoles d'ingénieurs et de commerce), l'importation des techniques de management des États-Unis, le lancement d'une presse destinée aux cadres à partir des années 1960 qui dessine un « style de vie » particulier… Tous ces phénomènes disparates concourent à homogénéiser des mutations sociales et à produire de l'unité derrière du « flou ». Luc Boltanski montre ainsi qu'à partir du moment où le groupe a pris de la consistance, le vocable se diffuse et progressivement de plus en plus d'individus en viennent à se définir et à être définis par les autres comme « cadres », l'imprécision de la notion devient paradoxalement une « force » et un gage de réussite du groupe.

> « Qu'y a-t-il en effet de commun entre un grand patron parisien issu de la vieille bourgeoisie et sorti d'une Grande École, un ancien ouvrier devenu chef d'atelier, un représentant de commerce, un ingénieur de recherche de l'aérospatiale passé par le CNRS ? Chacun peut prétendre au titre de cadre. »

Tout ce qui sépare un « cadre maison », devenu cadre par la promotion interne et l'attachement à une entreprise, d'un dirigeant d'une grande entreprise n'est pas aboli mais relativisé par l'existence d'un groupe dans lequel des individus très différents les uns des autres peuvent être amenés à se reconnaître et donc à faire exister le groupe, à la manière d'une évidence.

> « Mais cette unification symbolique constituait aussi, d'une certaine façon, un retour à l'état d'indivision qui avait précédé la formation des "cadres" en groupe explicite, où les "collaborateurs", comme on disait jusqu'à la fin de l'entre-deux-guerres, n'étaient pas tellement séparés des "patrons", à cette différence précisément que les cadres se reconnaissaient autrefois dans l'image du patron tandis que les patrons s'identifient de plus en plus souvent aujourd'hui à celle du cadre. »

Les groupes sociaux (ou les classes sociales) constituent donc des réalités, à partir du moment où des individus se reconnaissent dans ces collectifs. L'analyse de la stratification sociale, dans cette perspective, consiste alors à comprendre les mécanismes sociaux qui ont permis l'émergence des différents groupes sociaux, leurs modalités d'objectivation (le groupe des professions intermédiaires existe-il, à la manière de celui des ouvriers ?), les enjeux qui les traversent ainsi que ce qui les distingue des autres catégories sociales.

5

Le pouvoir politique

LE POLITIQUE ET LA SOCIÉTÉ

I. Genèses du pouvoir politique

1. Le pouvoir politique peut être envisagé de différentes manières

D'un point de vue juridique, il s'identifie aux gouvernants (le président de la République, le gouvernement...) ; d'un point de vue philosophique, le pouvoir s'apparente à une substance (le commandement) ; d'un point de vue sociologique – celui qui nous intéresse ici –, il s'agit d'une relation sociale instaurée entre des individus ou des groupes sociaux.

► **Max Weber définit dans son ouvrage, *Économie et société* (1922), le pouvoir (ou la domination) comme « toute chance de faire triompher au sein d'une relation sociale sa propre volonté, même contre des résistances ».** Le pouvoir n'est plus, dans cette perspective, un attribut, une essence, une « chose », qui existerait en dehors de toute utilisation mais au contraire un élément qui prend sa signification dans les interactions qui mettent aux prises divers agents et groupes sociaux. Le pouvoir suppose une relation asymétrique (entre différents individus ou groupes) rendue possible par une maîtrise inégale de ressources sociales (le pouvoir du père de famille, du chef d'entreprise, du chef de l'État...).

• Le pouvoir politique possède-t-il alors des caractéristiques propres qui le distinguent des autres types de pouvoir rencontrés dans la société ? La particularité du pouvoir politique réside selon Max Weber dans l'existence de ce qu'il nomme un **groupement de domination**, c'est-à-dire un groupe au sein duquel les membres sont soumis à des relations de domination en fonction de règlements en vigueur, notamment des textes juridiques (une Constitution, par exemple). L'autorité du père de famille sur ses enfants, par exemple, s'exerce directement sans l'entremise d'un groupement de domination. La particularité du pouvoir politique pour Weber repose sur les moyens dont celui-ci dispose.

> « Nous dirons d'un groupement de domination qu'il est un groupement politique lorsque et tant que son existence et la validité de ses règlements sont garanties de façon continue à l'intérieur d'un territoire géographique déterminable par l'application et la menace d'une contrainte physique de la part de la direction administrative. »

Le pouvoir politique (ou l'État, puisque les deux termes sont synonymes pour la période contemporaine) a la maîtrise d'un territoire et exerce son autorité sur ses habitants : il bénéficie pour cela d'un moyen spécifique, qu'aucune autre institution ne possède, le **monopole de la violence physique légitime,** selon l'expression de Weber. À l'exception de l'État, aucune autre autorité n'a la possibilité de faire appel à la force publique (la police, l'armée...), ni ne peut restreindre la liberté d'un individu (le condamner, par exemple, à une peine d'emprisonnement). Le pouvoir politique qui vise à exercer une autorité effective sur l'ensemble des membres d'une société, notamment par l'édiction de règles juridiques, dispose de personnels pour faire appliquer ses décisions (les agents de l'État) et d'un moyen spécifique, auquel il peut recourir, lorsque celles-ci ne sont pas respectées : la contrainte physique. Weber parle de monopole puisque, dès lors que l'État est institué, les autres institutions (les autorités religieuses, par exemple) sont dépossédées des moyens de contrainte physique. À l'inverse, dans un pays où différents groupements luttent pour la maîtrise d'un territoire (en cas de guerre civile) on ne peut guère parler d'État, même si sur le plan juridique l'État n'a pas disparu, puisque l'autorité de ses représentants n'est plus capable de s'exercer.

2. Le pouvoir politique a-t-il toujours existé dans les diverses sociétés humaines ?

► **L'apparition d'un pouvoir politique différencié du reste de la société ne se réalise qu'à partir du moment où la société se com-**

plexifie, à la suite d'un processus de division du travail social, selon l'expression de Durkheim. C'est la raison pour laquelle Durkheim s'oppose aux théoriciens du Contrat social (Rousseau, Locke, Hobbes…) pour lesquels le pouvoir politique procéderait d'un pacte social, autrement dit d'un accord de volonté. Si cette vision du contrat entre le peuple et le titulaire du pouvoir a pu s'imposer au XVIIIe siècle, c'est à la suite de la remise en cause de l'absolutisme (ce que consacre en France la fin de l'Ancien Régime) qui appelle de nouveaux principes de légitimité politique : un pacte conclu par la société dans son ensemble est certes une fiction, mais celle-ci est susceptible de conférer une nouvelle autorité à un pouvoir politique qui, ne pouvant plus rechercher son fondement dans des origines divines, doit élaborer d'autres formes d'adhésion. Durkheim souligne le manque de réalisme de la thèse du contrat social puisque, conformément à sa démarche, si la société précède l'individu et s'impose à lui lorsqu'il vient au monde, l'émergence de la société politique ne peut plus alors résulter d'une « décision collective » qui laisse supposer que les individus formant le corps politique auraient une existence en dehors de la société dans laquelle ils évoluent [1]. L'apparition du pouvoir politique résulterait, pour Durkheim, de transformations sociales de grande ampleur : c'est ce qu'il nomme l'accroissement de la **densité matérielle et morale** de la société, c'est-à-dire l'augmentation sensible de la population sur un territoire mais surtout, à l'issue de l'évolution démographique, l'accroissement qualitatif et quantitatif des relations sociales, qui induisent une diversification des fonctions sociales. Le pouvoir politique apparaît alors nécessaire pour « réguler » une société en voie de complexification. Le pouvoir politique n'est donc présent en tant qu'institution spécialisée, qu'au sein des sociétés complexes, celles qui sont engagées dans le processus de division du travail social.

► **Les sociétés primitives sont-elles alors des sociétés sans pouvoir coercitif ?** C'est la thèse qu'a soutenu l'anthropologue Pierre Clastres dans son ouvrage, *La Société contre l'État* (1974), dans lequel il affirme l'existence d'une discontinuité entre les sociétés primitives et les sociétés étatiques.

1. Bernard Lacroix, *Durkheim et le politique*, Paris, Presses de la FNSP, 1981.

« Il n'y a donc pas de roi dans la tribu, mais un chef qui n'est pas un chef d'État. Qu'est-ce que cela signifie ? Simplement que le chef ne dispose d'aucune autorité, d'aucun pouvoir de coercition, d'aucun moyen de donner un ordre. Le chef n'est pas un commandant, les gens de la tribu n'ont aucun devoir d'obéissance. L'espace de la chefferie n'est pas un lieu de pouvoir, et la figure (bien mal nommée) du "chef" sauvage ne préfigure en rien celle du futur despote. »

Le chef de la tribu en est réduit à se faire orateur – il est la mémoire vivante du groupe – et à coordonner certaines activités essentielles, comme les opérations guerrières, mais il ne dispose d'aucun pouvoir contraignant. Si l'analyse de Clastres met en évidence les contraintes qui pèsent sur le chef d'une tribu ne disposant pas de ressources sociales objectivées, symboles véritables du pouvoir politique (telles qu'une armée à ses ordres, une bureaucratie...), ce qui le conduit à composer en permanence avec les membres de la tribu, elle tend en revanche à sous-estimer les mécanismes de contrôle social qui assurent l'homogénéité de la société : une division des tâches très accusée entre les hommes et les femmes au profit exclusif des premiers, un processus d'imposition des règles communes extrêmement contraignant durant le processus de socialisation (voir IIe partie, chap. 2)... Ces mécanismes conduisent au rejet hors de la tribu de tout élément qui ne respecterait pas ces principes. Autrement dit, si le pouvoir politique prend l'aspect d'un lieu vide, c'est tout simplement parce que le véritable pouvoir est ailleurs – chez les chasseurs-guerriers, c'est-à-dire les adultes mâles dont la survie de la tribu dépend : l'homogénéité sociale de la tribu où la division du travail est réduite à sa plus simple expression ne rend donc pas nécessaire l'apparition d'un pouvoir politique différencié puisque le groupe social « dominant » a les moyens de faire respecter les règles à la collectivité. L'efficacité du contrôle social dispense donc, dans certaines sociétés de petite taille, de l'instauration d'un pouvoir politique.

3. D'où provient alors le pouvoir politique (ou l'État) puisque depuis le XVIe siècle, cette forme d'organisation politique s'est instaurée en Europe occidentale, avant de gagner d'autres territoires ?

► Norbert Elias a retracé dans son ouvrage, La dynamique de l'Occident (1939), les conditions qui ont rendu possible l'établisse-

ment du pouvoir étatique. Selon cet auteur, la construction des États européens prend place dans un processus de longue durée, propre à la civilisation occidentale qui se traduit par un autocontrôle progressif des conduites individuelles et par un refoulement de la violence physique, de moins en moins présente dans la vie sociale, parce que monopolisée par l'État : il suffit d'imaginer à quel point, à la différence de la société d'aujourd'hui, la violence était un phénomène courant et banal dans la société féodale (tournois, croisades, guerre entre seigneuries...) Au terme du processus, la violence physique devient l'apanage de l'État et disparaît progressivement dans les relations sociales quotidiennes. Elias parle ainsi d'abaissement du seuil de sensibilité à la violence, ce qui signifie que les univers social et politique se pacifient puisque la violence devient progressivement inacceptable à des individus, dont les structures mentales ont évolué en conformité avec les transformations sociales. Norbert Elias met en lumière un des facteurs déterminants dans la constitution des États : la configuration formée par la concurrence persistante entre seigneuries durant l'époque féodale pour le contrôle de territoires. L'état de guerre permanent entre unités de tailles voisines débouche, à terme, sur le triomphe d'une des unités qui finit par détenir le monopole coercitif après avoir assuré sa suprématie militaire : c'est ce qu'Elias appelle la **loi du monopole**.

> « Quand, dans une unité sociale d'une certaine étendue, un grand nombre d'unités sociales plus petites, qui par leur interdépendance forment la grande unité, disposent d'une force sociale à peu près égale – et peuvent de ce fait librement – sans être gênées par des monopoles déjà existants – rivaliser pour la conquête des chances de puissance sociale, en premier lieu des moyens de subsistance et de production, la probabilité est forte que les uns sortent vainqueurs, les autres vaincus de ce combat et que les chances finissent par tomber entre les mains d'un petit nombre, tandis que les autres sont éliminés ou tombent sous la coupe de quelques-uns. »

II. Logiques de l'espace politique

1. À partir de quels fondements le pouvoir politique parvient-il à obtenir l'obéissance ?

► **Tout pouvoir politique ne peut reposer uniquement sur la contrainte : il cherche à susciter l'adhésion de la part des gouvernés**

– la domination est alors ressentie comme juste – afin de conforter son autorité. Max Weber a particulièrement insisté sur les modes de légitimation du pouvoir politique, en recourant à la méthode de l'idéal-type (voir Ire partie, chap. 1) : il distingue successivement la **légitimité traditionnelle**, la **légitimité charismatique** et la **légitimité légale-rationnelle**.

La légitimité traditionnelle prévaut dans les sociétés archaïques et s'appuie sur les coutumes : le chef du village, de la tribu relèvent de cette catégorie.

La légitimité charismatique s'appuie sur les qualités extraordinaires prêtées à un personnage par un groupe qui lui reconnaît un pouvoir personnel : il importe peu que le chef possède réellement les qualités que le groupe lui accorde, puisque dans cette relation sociale, c'est la « remise de soi » effectuée par le groupe qui « produit » le chef en se plaçant sous son autorité (le tribun qui galvanise la foule exerce une autorité de type charismatique).

La légitimité légale-rationnelle est la forme de légitimité la plus utilisée dans les sociétés modernes : elle consiste en une obéissance en fonction de règlements de nature impersonnelle (les pouvoirs du président de la République ou du gouvernement sont aujourd'hui définis par la Constitution). La bureaucratie qui met en avant le recrutement des agents par concours, édicte des règlements juridiques qui s'imposent à tous, s'appuie sur des savoirs spécialisés, est la forme d'autorité légale-rationnelle la plus courante dans nos sociétés.

Il faut garder à l'esprit que Weber n'a pas cherché à décrire des pouvoirs politiques « concrets » mais davantage à dégager des formes générales de légitimité. Autrement dit, l'exercice qui consisterait à chercher quel pouvoir politique « est » traditionnel, charismatique, légal-rationnel paraît vain puisque, en pratique, tout pouvoir politique peut recourir simultanément ou successivement aux trois formes : un maire d'une ville qui exerce son pouvoir depuis un certain temps peut invoquer, au plan local, sa parfaite connaissance des traditions, des « mœurs » de ses administrés alors qu'au niveau national, s'il est, par exemple, ministre, il s'appuiera sur les compétences « techniques » dévolues à sa fonction ainsi que sur l'administration chargée d'exécuter ses décisions. Il peut également passer à la télévision, créer un journal, embaucher des conseillers en communication… afin de peaufiner son « image » et affirmer son « charisme ».

2. À l'issue du processus de division du travail social, la politique est devenue une sphère d'activité autonome régie par des enjeux spécifiques

► **Avec l'introduction en France du suffrage universel en 1848 – réservé aux seuls hommes jusqu'en 1945 –, l'activité politique se transforme en un « métier »** [1], c'est-à-dire en une occupation à plein temps, rétribuée (les députés perçoivent une indemnité parlementaire), qui nécessite la mobilisation de savoir-faire spécifiques (maîtrise des questions juridiques, de l'éloquence...). La politique en Europe occidentale, à partir de la fin du XIXe siècle, n'est plus l'affaire d'amateurs « éclairés » qui envisagent cette activité comme un passe-temps (à la manière du châtelain, unique candidat à la fonction de maire de village, qu'il exerce comme un « devoir » envers la collectivité) mais devient une profession à part entière. Max Weber écrit à ce propos que certains individus, les professionnels (parlementaires, cadres et permanents de partis politiques...) **vivent de et pour la politique,** c'est-à-dire qu'ils tirent leurs revenus de l'exercice d'une fonction politique qui devient, en fait, leur principale raison d'existence. La professionnalisation de l'activité politique a été dénoncée dès son apparition, notamment par le sociologue italien Roberto Michels (1876-1936) qui énonce dans son ouvrage, *Les partis politiques* (1914), l'existence d'une **loi d'airain de l'oligarchie :** pour cet auteur, les procédures démocratiques telles que l'élection des dirigeants des partis par les militants sont, en fait, détournées de leur sens puisque les professionnels maîtrisent suffisamment d'information pour s'assurer la direction effective d'une organisation, qui s'apparente à une bureaucratie. La professionnalisation des activités politiques s'avère néanmoins une spécificité inéluctable des sociétés modernes puisque l'avènement de la démocratie parlementaire est allé de pair avec le développement d'organisations permanentes : les partis politiques.

► **Weber emploie l'expression d'entreprise politique pour désigner le développement de groupements destinés à « procurer à leurs chefs le pouvoir au sein d'un groupement et à leurs militants actifs**

1. Alain Garrigou, *Histoire du suffrage universel en France,* Paris, Seuil, 2002.

des chances – idéales ou matérielles – de poursuivre des buts objectifs, d'obtenir des avantages personnels, ou de réaliser les deux ensemble ». Le grand intérêt de la démarche de Weber est d'éviter tout jugement de valeur (du type, les professionnels de la politique ne pensent qu'à leurs intérêts personnels) et de saisir que la lutte pour la conquête de postes (électifs ou partisans) fait partie intégrante de l'activité politique : elle ne s'oppose pas mais peut se conjuguer avec la défense de principes (une idéologie politique, par exemple) traduits en propositions politiques afin de susciter les soutiens des électeurs. La notion d'entreprise politique, par analogie avec l'entreprise économique, souligne la concurrence établie entre organisations politiques pour s'attirer les faveurs des électeurs. Il ne faudrait cependant pas oublier que l'élection ne ressemble que de très loin à la conquête d'un marché par une firme et l'assimilation incontrôlée de ces deux domaines d'activité risquerait de passer sous silence les particularités de l'activité politique.

► **Quel rôle accorder alors en démocratie aux électeurs, c'est-à-dire aux « profanes » si la politique est avant toute chose une affaire de professionnels ?** Joseph Schumpeter qui utilisa lui aussi l'analogie du marché pour analyser les phénomènes politiques, considère que la théorie classique de la démocratie selon laquelle les gouvernés ont le dernier mot puisque la souveraineté politique leur appartient, ne rend qu'imparfaitement compte de la réalité. Schumpeter estime ainsi que la division du travail effectuée au sein de l'activité politique aboutit à la spécialisation des fonctions et au développement des intérêts spécifiques des professionnels. Dans cette perspective les électeurs ne jouent qu'un rôle second – qui n'est cependant pas négligeable – de sélection des professionnels.

> « La méthode démocratique est le système institutionnel, aboutissant à des décisions politiques, dans lequel des individus acquièrent le pouvoir de statuer sur ces décisions à l'issue d'une lutte concurrentielle portant sur les votes du peuple. »[1]

La professionnalisation de la politique peut alors conduire à la technicisation des débats politiques qui se réduisent alors à des

1. J. Schumpeter, *Capitalisme, socialisme et démocratie* (1942), Paris, Payot, 1951.

questions de professionnels, les électeurs ne s'exprimant plus guère qu'au moment des élections. Ce phénomène peut être renforcé par le **recrutement social des professionnels de la politique**, qui reste très éloigné de la composition de la population active puisque l'écrasante majorité d'entre eux sont issus des catégories supérieures, même si des différences existent entre formations politiques. Une étude portant sur l'origine sociale des professionnels de la politique révèle, par exemple, que pour la période allant de 1959 à 1981 (les évolutions depuis cette date n'ont guère été significatives) près de 94 % des ministres et plus de 80 % des parlementaires proviennent des catégories supérieures (industriels, professions libérales, cadres supérieurs, professions intellectuelles) et l'auteur de conclure :

> « Plus une position de pouvoir politique est prestigieuse, plus s'élève l'enjeu impliqué par sa conquête et donc les qualités sociales des prétendants à l'occupation et, *a fortiori,* celles des vainqueurs du trophée. »[1]

► **Dernier phénomène : l'intérêt pour la politique dans la société est loin d'être unanimement partagé.** La majorité des électeurs se tient, en effet, prudemment à l'écart d'un jeu politique dont ils ne comprennent guère les significations (langage hermétique, enjeux jugés trop complexes et déconnectés de leurs préoccupations quotidiennes…). C'est la raison pour laquelle Daniel Gaxie a pu intituler, un ouvrage consacré à l'analyse des formes de participation politique, *Le Cens caché* (1978), en faisant référence au suffrage censitaire, c'est-à-dire au moment (jusqu'au milieu du XIXe siècle, en France) où seuls les individus qui payaient un certain montant d'impôts possédaient le droit de vote. Le cens ne fonctionne évidemment plus sur les mêmes principes depuis l'instauration du suffrage universel. Cependant, la participation effective à l'activité politique et la compréhension de l'univers politique sont inégalement distribuées puisque, selon l'auteur, environ 10 % de la population seulement participe effectivement à la vie politique (épisodiquement ou régulièrement). La participation croît avec la position sociale et plus encore avec le volume de capital culturel

1. D. Gaxie, « Immuables et changeants : les ministres de la Ve République », *Pouvoirs,* n° 36, 1986 et Nicolas Hubé « Le recrutement social des professionnels de la politique » dans A. Cohen, B. Lacroix, P. Riutort, *Nouveau manuel de science politique*, Paris, La Découverte, 2009,

possédé, qui induit un sentiment de compétence subjective. Autrement dit, la démocratie représentative, en dépit des principes sur lesquels elle se fonde, comme la participation de tous à la chose publique, ne fait disparaître qu'en apparence les différences sociales. Celles-ci expliquent, en revanche, en grande partie, l'indifférence de la majorité de la population envers les questions politiques [1].

1. Cécile Braconnier, Jean-Yves Dormagen, *La Démocratie de l'abstention*, Paris, Gallimard, 2007.

6

L'opinion publique

QU'EN PENSE LE PEUPLE ?

I. Métamorphoses de l'opinion publique

1. L'opinion publique signifie plusieurs choses distinctes

Dans le langage courant, cette expression évoque l'humeur du temps, le sentiment partagé par la majorité d'un groupe social ou d'une collectivité. Historiquement, l'opinion publique avait un autre sens : il s'agissait de l'opinion de personnalités « éclairées » qui, du fait de leurs savoirs, se prononçaient sur les enjeux importants afin de « conseiller » l'ensemble de la population. Enfin, l'opinion publique dans les sociétés contemporaines s'identifie progressivement aux sondages d'opinion qui ont justement pour ambition de la mesurer, de l'évaluer afin que, par exemple, les gouvernants sachent ce que les gouvernés pensent de leur action.

► **Pour que l'on puisse parler d'opinion publique, il faut qu'au préalable, l'intervention du nombre, de la majorité, dans les affaires publiques soit devenue acceptable.** C'est ainsi que le philosophe et sociologue allemand Jürgen Habermas a retracé dans son ouvrage, *L'Espace public* (1962), les conditions d'apparition de l'opinion publique : l'espace public, dans l'Europe occidentale, à partir du XVIIe siècle et particulièrement au XVIIIe siècle, se sépare progressivement de l'espace étatique, c'est-à-dire du pouvoir politique. Le développement des échanges économiques, l'essor des activités de commerce se traduisent par une montée en puissance d'un nouveau groupe social : la bourgeoisie. Habermas met en lumière le développement de nouvelles pratiques de sociabilité liées à la société bourgeoise (apparition des salons littéraires, des cafés, développement de la presse…) qui ont pour conséquence d'élargir sensiblement le champ des discussions publiques et notamment politiques. Peu à peu, s'élabore un nouvel espace où des individus en fonction de leurs compétences et de leurs savoirs – la culture est l'un des critères déterminants d'appartenance – de nouvelles élites sociales en viennent à prendre position sur les affaires publiques et n'hésitent pas à critiquer le gouvernement, surtout lorsqu'elles estiment que leurs avis ne sont pas suffisamment entendus : « il s'agit de personnes privées qui, en tant que public, entretiennent des relations entre elles et promeuvent des échanges au sein de cette même sphère ». La sphère publique procède ainsi de la réunion de personnes privées qui en s'assemblant forment un public. L'opinion demeure ainsi, bien longtemps après la Révolution française, l'apanage des élites « éclairées » qui invoquent la raison pour trancher des questions générales et tendent à jouer les intermédiaires entre un peuple qu'il faut orienter et un pouvoir politique qu'il s'agit d'influencer.

► **L'instauration du suffrage universel rend cependant indispensable la consultation des gouvernés dans la vie politique.** La démocratie parlementaire fondée sur le principe de la représentation politique, selon lequel les élus du peuple sont les mandataires de ceux qui les ont désignés et agissent en leur nom, conduit néanmoins à une intervention limitée des électeurs dont la principale intervention s'exerce par le bulletin de vote. Un certain nombre de transformations sociales permettent, dès la première moitié du XXe siècle, l'émergence d'une « nouvelle » opinion publique qui s'étend, cette fois, à l'expression de l'ensemble du corps électoral. Le développement des moyens de communication de masse et notamment l'importance de la télévision, le recours croissant à l'outil informatique, les perfectionnements des méthodes statistiques, le développement du marketing… toutes ces évolutions contribuent à rendre légitime l'interrogation de la population que l'on peut, grâce aux techniques nouvelles, atteindre directement, sans recourir comme autrefois aux porte-parole officiels. Dans cet esprit, les sondages peuvent être considérés comme un auxiliaire appréciable de la démocratie puisque les autorités politiques sont immédiatement informées des réactions que leurs décisions suscitent chez leurs électeurs. Ceux-ci disposent désormais d'un moyen de s'exprimer, non plus occasionnellement (le jour des élections), mais de façon continue. L'avènement des sondages s'apparenterait alors à un triomphe de la démocratie directe puisque la population pourrait désormais trancher directement les débats politiques sans dépendre des intermédiaires que sont les professionnels de la politique [1].

2. Il convient toutefois de tempérer ce bel optimisme en s'interrogeant sur ce que mesurent véritablement les sondages d'opinion

Il ne s'agit pas de présenter la méthodologie du sondage en général (voir Ire partie, chap. 2) mais de comprendre les spécificités des sondages qui ne portent pas tant sur les pratiques effectives des individus *(« Partez-vous en vacances cet été ? »)* que sur ce qu'ils sont censés penser *(« Préférez-vous la mer ou la montagne ? »)*.

► **Pierre Bourdieu a particulièrement insisté sur un certain nombre de problèmes méthodologiques propres aux sondages d'opinion dans un article célèbre : « L'opinion publique n'existe pas [2] ».** L'argumentation de l'auteur qui vise à remettre en question les postulats implicites de l'enquête d'opinion tient en trois points : tout sondage d'opinion prend pour évidence que tout le monde possède une opinion sur n'importe quel sujet, que toutes les opinions émises se valent (c'est-à-dire qu'elles ont socialement le même poids), et enfin qu'il existe un accord préalable sur les questions qui méritent d'être posées.

• Bourdieu récuse tour à tour ces propositions : il est erroné de considérer que chaque personne interrogée possède, d'emblée, une opinion sur les questions qu'on lui pose car une question, quelle qu'elle soit, ne suscite pas un intérêt égal dans la population (un questionnaire portant sur la politique agricole commune intéressera certainement davantage un agriculteur qu'un ouvrier, par exemple). Autrement dit, l'attitude qui consiste, parce que nous sommes en régime démocratique, à administrer un question-

1. Sur l'histoire des sondages, Loïc Blondiaux, *La Fabrique de l'opinion,* Paris, Seuil, 1998.

2. P. Bourdieu, « L'opinion publique n'existe pas », *Les Temps modernes,* n° 318, 1973.

naire à un échantillon représentatif de l'ensemble de la population est peut-être une intention louable, mais qui débouche généralement sur un artefact : le sondage collecte à la fois des opinions réellement formées (l'agriculteur parlant de la PAC) et des réponses sans fondement qu'un enquêteur adroit parvient à obtenir en jouant sur la lassitude de son interlocuteur (par exemple, l'ouvrier interrogé sur la PAC, qui finit par cocher une case). En outre, la capacité à émettre une opinion n'est, pas plus que l'intérêt pour la politique (voir IIe partie, chap. 5), une chose également répartie dans la population : la probabilité d'opiner croît avec le sentiment de compétence politique (c'est-à-dire avec la position sociale et le capital culturel), ce que l'analyse des sans-réponse aux sondages d'opinion met bien en lumière [1]. Les réponses émises ne possèdent pas non plus socialement la même importance. Il ne s'agit pas de remettre en cause l'égalité juridique énoncée par le régime démocratique, mais de constater que « faire comme si » tout le monde avait une opinion et additionner ensuite les résultats, revient à produire un chiffre (« 53 % des Français pensent que... ») sans s'attacher aux mécanismes qui ont permis d'agréger des réponses très différentes qui apparaîtront cependant équivalentes à l'issue de l'enquête. Enfin, les sondages d'opinion supposent que les questions posées font l'objet d'un consensus alors que manifestement les « sujets de préoccupation » ne sont pas identiques dans les différents milieux sociaux. Le sondage opère ainsi une imposition de problématique puisqu'il tend à définir une manière légitime de parler d'un sujet. C'est la raison pour laquelle Pierre Bourdieu considère que les sondages apprennent davantage sur ceux qui posent les questions que sur ceux qui répondent puisque les interrogations diffèrent en fonction des enjeux politiques, de « l'air du temps »... La progression électorale d'un courant écologiste, l'apparition du thème « environnement » dans les médias conduira, par exemple, à multiplier les sondages dans ce domaine, quitte à abandonner le thème lorsque le contexte aura changé.

1. Sur ce point : G. Michelat, M. Simon, « Les "sans-réponse" aux questions politiques : rôles imposés et compensation des handicaps », *L'Année sociologique*, vol. 32, 1982.

II. *L'opinion publique et les « faiseurs » d'opinion*

1. Comment expliquer alors le succès rencontré par les sondages d'opinion, surtout dans un pays comme la France, qui détient un record en la matière ?

► **On ne pourrait plus guère reprendre aujourd'hui le titre de l'article de Pierre Bourdieu, tant le sondage d'opinion est devenu familier.** Commandé par les partis politiques, le gouvernement, la presse, le sondage rythme la vie politique et fait partie intégrante de l'univers médiatique. Cependant, si les sondages d'opinion se sont imposés, c'est tout simplement parce qu'ils ont fait l'objet d'appropriations diverses et que certains agents sociaux ont investi ce nouveau domaine d'activité [1].

• L'introduction des sondages d'opinion n'a pas été une chose aussi facile que la réussite actuelle pourrait le laisser croire. Si le premier institut de sondage français, l'IFOP (L'Institut français d'opinion publique) fut créé dès 1938 par le psychosociologue Jean Stoetzel (1910-1987), la technique ne devint légitime en France que bien plus tard, alors qu'elle est déjà, à ce moment, une pratique courante aux États-Unis. Un événement politique contribue grandement à légitimer les sondages d'opinion en France : l'élection présidentielle de 1965 qui se déroule au suffrage universel direct. Les divers instituts font procéder à de multiples enquêtes qui annoncent, dans une quasi-unanimité, le ballotage du général de Gaulle. Ce résultat électoral, qui parut sur le moment surprenant, annoncé par avance, avec exactitude par les enquêtes d'opinion, crédibilise fortement cette technique auprès des professionnels de la politique qui espèrent y trouver un nouveau moyen de prévoir et donc d'anticiper les résultats électoraux. Précisons cependant que la prévision électorale réussie n'infirme en rien les remarques précédentes sur la méthodologie du sondage d'opinion. En effet, d'une part, un bon nombre d'enquêtes électorales et notamment celles qui permettent

1. L'analyse qui suit s'appuie principalement sur : P. Champagne, *Faire l'opinion. Le nouveau jeu politique,* Paris, Minuit, 1990. Voir également A. Garrigou, *L'Ivresse des sondages,* Paris, La Découverte, 2006 et Patrick Lehingue, *Subunda. Coups de sonde dans l'océan des sondages,* Broissieux, Éd. du Croquant, 2007.

d'annoncer les résultats des élections dès la clôture des bureaux de vote ne sont pas des sondages électoraux à proprement dit mais des estimations (c'est-à-dire que les données portent sur une fraction des votes, donc sur des comportements et non sur de simples opinions) et d'autre part, les sondages préélectoraux gagnent en précision au fur et à mesure que l'on se rapproche de la date de l'élection car la visibilité de l'enjeu s'accroît, même si une part non négligeable du corps électoral décide de son vote dans les tout derniers moments et parfois le jour même. À l'inverse, un sondage portant sur des résultats électoraux effectué plusieurs mois, voire plusieurs années avant le scrutin, ne présente strictement aucun intérêt sociologique.

2. Patrick Champagne a mis en relation la diffusion de sondages d'opinion et les transformations du jeu politique

► **Un certain nombre de mécanismes sociaux ont contribué à faire des sondages d'opinion une « illusion bien fondée », c'est-à-dire une nouvelle croyance qui s'impose aujourd'hui à tout protagoniste du débat politique.** La multiplication des instituts crée une « offre » de sondages à l'attention d'un personnel politique qui, depuis la Ve République, majoritairement d'origine technocratique (la quasi-totalité des leaders des partis politiques et des membres de gouvernement sont issus de l'École nationale d'administration) s'avère sensible à la production de « données » qui ont l'apparence de l'objectivité scientifique. Les sondages représentent de nouveaux débouchés en sciences sociales (comme les activités de sondeur, de politologue…). Ils sont également devenus une « arme » dont se sont saisis les journalistes afin de « faire jeu égal » avec les hommes politiques : grâce aux sondages, les journalistes peuvent invoquer l'« opinion publique » qui s'exprime par leurs bouches, lorsqu'ils interrogent les hommes politiques… L'opinion publique produite par les sondages, ne se borne pas à être constatée par ses commanditaires mais devient un nouvel enjeu central puisque pour tout homme politique, il s'agit désormais d'avoir l'opinion de son côté. L'activité politique en sort passablement transformée : les hommes politiques recourent ainsi de plus en plus souvent à des conseillers en communication afin de réaliser des « coups médiatiques » et se trouvent sous la pression d'une campagne électorale quasi permanente puisque l'action politique n'est plus appréciée sur la durée (lors des élections) mais évaluée en continu [1]. Autrement dit, le jeu politique tel que les commentateurs de sondages le donnent à voir, se réduit à une course de chevaux *(« le Président a encore perdu trois points ! »)* qui contraint les hommes politiques à agir « vite », au gré des résultats des sondages : tel ou tel homme politique choisira ainsi de se présenter ou non à une élection ou sera choisi par les militants du parti en fonction des sondages réalisés alors que l'expérience prouve que la campagne électorale modifie la « donne » dans la plupart des cas.

Il ne servirait cependant à rien de se lamenter sur les effets nocifs des sondages d'opinion en démocratie – ce ne serait d'ailleurs pas du ressort du sociologue – : il paraît plus intéressant de comprendre comment les sondages d'opinion sont devenus par une sorte de **prophétie autoréalisatrice** [2] un élément central du nouveau jeu politique et de saisir les effets sociaux qu'ils induisent.

Les sondages d'opinion, contrairement aux apparences, ne tendent donc pas à rapprocher la population de la politique puisque, ce « juge » d'un nouveau genre des actions politiques, reste sensiblement éloigné des préoccupations effectives qui émergent dans la société. Le jeu politique, par l'entremise des sondages, tend ainsi à se replier sur lui-même et à fonctionner en circuit fermé, tout en donnant, à ses principaux acteurs et utilisateurs, mystifiés par l'instrument, les illusions de la transparence.

1. P. Riutort, *Sociologie de la communication politique*, Paris, La Découverte, 2007.

2. Robert Merton désigne, par cette notion, les effets bien réels produits par les phénomènes de croyance collective : une rumeur infondée de faillite qui atteint une entreprise peut avoir pour conséquence un effondrement de ses titres sur le marché financier et conduire ainsi à une faillite que rien, hormis la rumeur, ne justifiait.

Bibliographie de base

Sauf exception, on ne mentionnera pas ici les ouvrages et articles déjà cités dans le corps de l'ouvrage.

• Sur l'histoire de la sociologie

Nisbet (Robert A.), *La Tradition sociologique* (1966), Paris, Puf, « Quadrige », 2005, 416 p.

Une présentation succincte du contexte d'apparition de la sociologie. L'émergence de la pensée sociologique est traitée à partir de cinq concepts centraux (communauté, autorité, statut, sacré, aliénation).

Lallement (Michel), *Histoire des idées sociologiques*, 2 t., 3e éd., Paris, Armand Colin, « Circa », 2007.

Ouvrages pédagogiques qui abordent chronologiquement les divers courants de pensée importants pour la discipline. Complets, d'une grande clarté, ils bénéficient d'une utile sélection de textes classiques.

Simon (Pierre-Jean), *Histoire de la sociologie*, 2e éd., Paris, Puf, « Quadrige », 2008.

Manuel érudit insistant sur les pères fondateurs.

• Un classique à lire absolument

Durkheim (Émile), *Le Suicide* (1897), Paris, Puf, « Quadrige », 2007, 512 p.

L'ouvrage dans lequel Durkheim met à l'épreuve les principes dégagés dans *Les Règles de la méthode sociologique*. Une leçon de méthode.

• Faire de la sociologie

Champagne (Patrick), Lenoir (Rémi), Merllié (Dominique), Pinto (Louis), *Initiation à la pratique sociologique,* Paris, Dunod, 1989, 238 p.

Ouvrage très utile qui retrace la démarche sociologique en acte, à partir d'exemples précis. Comment conduire une enquête, utiliser des statistiques... ? Ces questions prennent ici toute leur dimension et le sociologue-débutant y trouvera de nombreuses réponses.

- **Quelques auteurs contemporains**

Raymond Boudon, *La Logique du social* (1979), Paris, Hachette, « Pluriel », 2001, 310 p. Présentation claire et synthétique des principes d'analyse de l'individualisme méthodologique par son plus célèbre représentant français.

Pierre Bourdieu, *Questions de sociologie* (1980), Paris, Minuit, 2002, 278 p. Un recueil de textes facilement accessibles qui introduisent à l'œuvre du dernier titulaire de la chaire de sociologie au Collège de France.

Pierre Ansart, *Les Sociologies contemporaines,* Paris, Seuil, « Points », 1990, 338 p. Un panorama de la sociologie française actuelle : présentation des œuvres principales et de quelques « grands noms ».

Philippe Corcuff, *Les Nouvelles Sociologies*, Paris, Armand Colin, 2011. Présentation claire des enjeux théoriques de la sociologie contemporaine.

Index des notions

Index des noms

Cet ouvrage a été mis en page
par Meta-systems
59100 Roubaix

Imprimé en France
par la Nouvelle Imprimerie Laballery
rue Louis Blériot 58500 Clamecy
septembre 2017 - N° 708206

La Nouvelle Imprimerie Laballery est titulaire de la marque Imprim'Vert®